EL CUMPLIMIENTO DE TODO DESEO

GUÍA DE ESTUDIO

Ralph Martin
con Emily Stimpson

EMMAUS ROAD
PUBLISHING
Steubenville, Ohio

Emmaus Road Publishing
Una división de
Católicos Unidos por la Fé
827 North Fourth Street
Steubenville, OH 43952

Publicado en 2013
Impreso en los Estados Unidos de América
17 16 15 14 13 1 2 3 4 5

Número de control, Biblioteca del Congreso: 2013934667
ISBN: 978-1-937155-91-9

Traducción de Fernando Poyatos,
University of New Brunswick

Diseño de cubierta por
Theresa Westling

Ilustración de la cubierta:
Thomas Cole, *El peregrino de la cruz al final de su, viaje*
Smithsonian American Art Museum / Recursos Artísticos NY

TABLA DE CONTENIDOS

Introducción . . . . *v*

Cómo utilizar este libro . . . . *vii*

1. Llamados a la santidad *1*

2. Visión general del camino *7*

3. Despertar y conversión *13*

4. La cosmovisión bíblica en los santos *21*

5. La transformación del pensamiento, el deseo y la acción *27*

6. La lucha contra el pecado *33*

7. La importancia de la oración *39*

8. Las tentaciones y las pruebas *45*

9. Una cierta estabilidad *51*

10. Crecer en libertad *57*

11. Crecer en el amor *63*

12. Crecer en la oración *69*

13. La ayuda del cielo *75*

14. Una purificación más profunda *81*

15. La unión profunda *87*

16. Los frutos de la unión *93*

17. Siempre hay algo más *99*

Últimas palabras de aliento *105*

Glosario *107*

INTRODUCCIÓN

En este mundo cada persona se encuentra en un camino. Ese camino o lleva a Dios—al cielo, a la santidad y a la felicidad eterna—o nos aleja de Dios y nos lleva al infierno que es la separación de Dios.

Cada paso que damos en este camino tiene una importancia eterna y consecuencias eternas, por lo cual, a lo largo de los siglos, los que han concluido con éxito el camino hacia la santidad nos ofrecen, a todos los demás, su sabiduría y consejos sobre cómo hacer lo mismo. A través de sus homilías, sus cartas, sus tratados teológicos y autobiografías espirituales, estos santos nos comunican su experiencia personal de lo que es vivir en una relación con Dios. También el recorrido desde el pecado hasta la gloria, marcando los pasos que cada uno debemos dar para alcanzar nuestro fin deseado.

En este recorrido se enfoca *El cumplimiento de todo deseo*. Como lo indica el subtítulo, el libro es "Una guía para el camino hacia Dios según la sabiduría de los santos"—lo cual significa que el libro es, en efecto, hoja de ruta de los santos. Recoge y relaciona entre sí la sabiduría de siete de los más grandes maestros de la Iglesia, desmenuzando sus pensamientos sobre lo que es renunciar al pecado, crecer en la fe y la virtud y abrazar las gracias que Dios nos da para la salvación.

Esa sabiduría, sin embargo, es vasta y misteriosa. Sondear sus profundidades constituye el trabajo de toda una vida, y comprenderla requiere una cuidadosa lectura, una reflexión profunda y, sobre todo, de mucha oración. Este es el propósito de esta guía. La cual es tanto una hoja de ruta para *El cumplimiento de todo deseo,* como *El cumplimiento de todo deseo* es una hoja de ruta para la sabiduría de los santos.

CÓMO UTILIZAR ESTE LIBRO

Capítulo por capítulo, esta guía de estudio te va llevando a través de los puntos principales de cada etapa del camino espiritual. También te ayuda a aplicar lo que has leído a tu propio camino en la vida. A cada capítulo del libro le corresponde un capítulo de esta guía de estudio que ofrece un Sumario rápido del contenido del capítulo, así como una serie de preguntas objetivas que, al responderlas, te ayudará a dominar los principales temas presentados.

Cada capítulo de la guía de estudio incluye también varias preguntas para reflexión y la discusión. No hay una respuesta concreta para cada una de a estas preguntas. Su propósito es simplemente el de ayudarte a pensar en mayor profundidad, acerca de cómo puedes beneficiarte de la sabiduría y consejo de los santos. Este capítulo También incluye información adicional acerca de las enseñanzas de los santos o de la Iglesia relacionados con el tema tratado, así como un índice de los términos clave: Al final de la guía de estudio encontrarás un glosario con una concisa definición de todas las palabras y frases importantes.

Esta guía puede usarse en un pequeño grupo de estudio, un grupo parroquial, en una clase escolar o universitaria, o como una ayuda para la lectura personal. Pero, sin importar dónde la uses, la clave para el éxito es empezar tu lectura y tu reflexión con la oración. Y otra cosa: tómatelo con calma. No leas sólo para adquirir un mayor conocimiento, sino una mayor comprensión también. No te apresures en contestar una pregunta y luego otra (como verás, no proporcionamos una clave de respuestas). Y a medida que lees y reflexionas, pídele a Dios que te ayude a aplicar el consejo de los santos a los desafíos que tengas que enfrentarte diariamente.

No te ofrezco este consejo porque el libro sea difícil de entender: no lo es. Pero vivir el mensaje que contiene sí puede ser difícil. El pecado, el egoísmo y el autoengaño no desaparecen inmediatamente cuando comenzamos nuestro camino hacia Dios. Pero lo bueno—lo bueno que lo santos repiten en cada capítulo de *El cumplimiento de todo deseo*—es que, en definitiva, no depende de nosotros el llegar a ser santos. No nos hacemos santos a nosotros mismos. Es obra de Dios, no nuestra. Todo lo que nosotros tenemos que hacer es pedir su ayuda, estar abiertos a su ayuda, y cooperar con Él a medida que recibimos esa ayuda.

Ruego a Dios que esta guía de estudio, y el libro mismo, te ayuden a hacer precisamente eso, y que, de algún modo, te guíen hacia lo que estás buscando: el cumplimiento de todo deseo.

Capítulo 1

LLAMADOS A LA SANTIDAD

Sumario

Durante su vida en la tierra, Cristo llamó a sus seguidores a "ser perfectos como vuestro Padre celestial es perfecto" (Mt 5,48). Esa llamada a la perfección es, esencialmente, una llamada a la santidad y una llamada a ser santos.

Durante dos mil años la Iglesia ha seguido llamando a los hijos e hijas de Dios a la santidad. Y en las ultimas décadas esa llamada se ha hecho cada vez más urgente. Desde el nuevo enfoque sobre "la llamada universal a la santidad" que surge a raíz del Concilio Vaticano II, hasta la célebre carta apostólica de Juan Pablo II, *Novo Millenio Ineunte*, la Iglesia ha proclamado, con creciente frecuencia y claridad, la necesidad de que todos los cristianos—tanto laicos como religiosos—respondan a la llamada a ser "perfectos como mi Padre celestial es perfecto."

La urgencia en esta llamada procede, en parte, de la necesidad que tiene el mundo de nuevos santos. En una cultura que se ha desviado cada vez más lejos de sus raíces cristianas, es esencial contar con el testimonio entusiasta de los creyentes. Sin embargo, nuestra propia necesidad es más importante que la necesidad que tiene el mundo de santidad. Necesitamos hacernos santos. Para eso nos hizo Dios.

Antes del comienzo del tiempo, Dios nos destinó para vivir en unión con Él. Existimos para vivir eternamente unidos a Él, y es la gracia de Dios lo que hace que todo esto sea posible. Todo lo que tenemos que hacer para recibir esta singular gracia es tener la predisposición y apertura suficiente para hacerlo. Debemos, muy concientemente, querer recibir esta gracia y, al mismo tiempo, ver todos aquellos obstáculos y dificultades que encontramos en la vida como oportunidades para obtener aún más gracia divina y como oportunidades para nuestro crecimiento. Asimismo, debemos volcar nuestra mirada hacia Jesús una y otra vez, contemplando su rostro y rogándole por su ayuda.

En definitiva, solamente existen dos posibles finales para la historia de nuestras vidas: la alegría eterna en el cielo que se la vive junto a Dios, o el sufrimiento eterno separados de Dios en el infierno. Por eso no podemos retrasar nuestra búsqueda de la santidad. Y esta búsqueda debe empezar ahora mismo.

Preguntas para la comprensión

1. ¿Cual fue uno de los principales redescubrimientos a que el Espíritu Santo llevó a la Iglesia a través del Concilio Vaticano II?

2. ¿Qué significa, realmente, preguntarle a alguien: "Deseas recibir el Bautismo"?

3. ¿Qué significa la "santidad"? Defínela.

4. ¿Qué dijo Juan Pablo II que debían llegar a ser las parroquias en el siglo XXI? ¿Qué quiso decir con eso?

5. Según Juan Pablo II, ¿qué son tres razones por las que es importante que los cristianos respondan a la llamada universal a la santidad?

6. ¿Por qué la recuperación de las tradiciones místicas de la Iglesia es algo necesario para responder a la llamada a la santidad?

7. ¿Qué cuatro principios debemos tener en cuenta para tener un conocimiento apropiado del camino espiritual?

8. ¿Qué es lo que realmente nos hace resistir la llamada a la santidad?

9. ¿Cuál es la fuente suprema de nuestra infelicidad?

10. ¿Cuál es el propósito de nuestra creación? ¿Cómo nos preparamos para cumplir con este propósito?

Preguntas para la reflexión

1. ¿Te cuesta creer que es posible para ti el "ser perfecto como tu Padre celestial es perfecto"? ¿Por qué crees que sí o que no?

2. Parte de nuestro camino hacia Dios implica ser sanados de las heridas del pecado, tanto del pecado original como de los pecados personales. ¿De qué heridas, o malos hábitos, necesitas pedir a Dios que te sane para poder acercarte más a Él?

3. ¿Te sorprendes alguna vez dejando la búsqueda de la santidad para "otro día"?¿Cómo te justificas a ti mismo este retraso? En otras palabras, ¿cuáles son algunas de las excusas que te pones a ti mismo para retrasar esta búsqueda?

4. ¿Qué circunstancias en tu vida actual percibes como obstáculos para perseguir la santidad? ¿Cómo pueden esos obstáculos convertirse en verdaderas oportunidades para acercarte más a Dios?

5. ¿De qué maneras puedes empezar a contemplar el rostro de Cristo en medio de tu vida, y en el diario vivir?

Más acerca de...el Año Jubilar

Cada veinticinco años la Iglesia Católica conmemora la muerte redentora de Cristo y los frutos de su Resurrección proclamando un Año de Jubileo. Es un gran acontecimiento religioso cuyo fin es constituirse en un año de perdón, reconciliación y conversión para todos.

La tradición del Jubileo se remonta a los tiempos de Moisés. En Levítico 25,10–14, Dios dio instrucciones a los israelitas para que apartaran un año de cada cinco décadas en el cual se perdonarían las deudas, se daría libertad a los esclavos, se devolverían las tierras a sus dueños originales y se restaurarían las familias entre sí.

Los cristianos reanudaron la práctica del Año Jubilar en el año 1300 A.D. A raíz de las guerras y enfermedades que asolaban Europa en esa época, un nutrido grupo de peregrinos viajó a Roma para obtener la bendición papal y orar por sí mismos y por el mundo. El Papa Bonifacio VIII recompensó su fe declarando el año 1300 como un "Año Santo" y un año "de perdón de los pecados"."

En los siguientes siglos la tradición creció y creció y los jubileos se celebraban cada cincuenta años, y más tarde cada veinticinco. Los jubileos que ahora se celebran cada veinticinco años se llaman años de Jubileo "ordinario". Los años de Jubileo extraordinario se convocan por un motivo muy especial, como fue el Año Jubilar que Pío XI proclamó en 1933 para señalar los mil novecientos años que marcaban el aniversario de la redención del género humano.

El año 2000 marcó el primer Año Jubilar del nuevo milenio que, a su vez, señalaba el aniversario dos mil del nacimiento de

Cristo. Debido a esas razones Juan Pablo II llego al convencimiento de que el Espíritu Santo bendeciría a la Iglesia con un derramamiento especial de sus gracias y que esas gracias la equiparían para los desafíos del nuevo milenio. Así pues, se planearon ese año incontables celebraciones en Roma y en todo el mundo, mientras que se ofreció una indulgencia especial a todos los católicos que fueran en peregrinación durante aquel año. Para finales del 2000 se calcula que habían viajado a Roma treinta y dos millones de personas.

Términos clave

Visión beatífica
Pecado original

Capítulo 2

VISIÓN GENERAL DEL CAMINO

Sumario

Crecer en la santidad constituye un verdadero peregrinaje. Es un viaje que va desde las profundidades del alma hacia Dios, desde el pecado a la santidad, desde la idolatría de las cosas materiales a la adoración de las cosas celestiales. También es un viaje que lleva tiempo. No progresamos espiritualmente desde el amor propio hasta el amor a Dios de la noche a la mañana. Como con cualquier viaje, hay diferentes fases o estadios por los que hay que pasar.

A través de los siglos diversos escritores espirituales han intentado clasificar estas fases o estadios. Aunque le han dado diversos nombres a este fenómeno y clasificado las fases de la vida espiritual de diversas maneras, en esencia su clasificación es la misma. Genéricamente y de forma general, estas fases se designan de la siguiente manera: *la vía purgativa*, *la vía iluminativa* y *la vía unitiva*.

Preguntas para la comprensión

1. ¿Qué le ocurre al alma durante la vía purgativa? Enumera cinco características de esta fase.

2. ¿Qué le ocurre al alma durante la vía iluminativa? Enumera siete características de esta fase.

3. ¿Qué experiencias típicamente acompañan la vía iluminativa?

4. ¿Qué le ocurre, típicamente, al alma en la vía unitiva? Enumera cinco característica de esta fase.

5. ¿De qué modo difiere el sufrimiento en la vía unitiva?

6. ¿Qué terminología usa santa Teresa de Jesús para clasificar los diferentes estadios espirituales?

7. ¿Qué tres nombres asigna san Juan de la Cruz a las almas en los tres diferentes estadios?

8. ¿Qué tres actitudes atribuye santa Catalina de Siena a las almas en los diferentes estadios de la vida espiritual?

9. ¿Cómo caracteriza san Bernardo de Claraval los sentimientos experimentados por las almas a medida que progresan en su camino hacia Dios?

10. Según san Francisco de Sales, ¿qué propósitos siguen cumpliendo las emociones experimentadas por las almas en las fases purgativa e iluminativa una vez que el alma ha entrado en la vía unitiva?

Preguntas para la reflexión

1. ¿Has experimentado tú, alguna vez, una conversión inicial o un despertar de la fe? ¿Cómo reflejan las características de la vía purgativa tus primeros años como creyente?

2. Tras tu conversión inicial, ¿de qué pecados tuviste que deshacerte? ¿Qué hábitos de virtud y piedad tuviste que esforzarte para adquirir? ¿Qué hábitos de virtud y de piedad tienes que esforzarte aún para adquirir?

3. A medida que pasa el tiempo, ¿cómo ha crecido y cambiado tu fe? ¿Con que desafíos espirituales te enfrentas ahora que no tenías al principio de tu camino hacia Dios?

Más acerca de....los doctores de la Iglesia

Cuando se trata de honores concedidos por la Iglesia Católica, hay muy pocos que tienen una mayor distinción y son más difíciles de obtener que el de ser declarado un Doctor o Doctora de la Iglesia. En toda la historia del cristianismo sólo treinta y cuatro hombres y mujeres han obtenido ese título. Pero ¿qué significa esta designación?

El título en sí se remonta a los principios del siglo V, cuando Rufino de Aquilea utilizó el término para describir a un gran maestro de la fe. Esta designación subsistió, informalmente, hasta el siglo XIII, cuando la Iglesia formalizó el proceso para declarar a una persona como "Doctor de la Iglesia". Desde ese momento, a fin de ser distinguido con ese título, una persona debe demostrar una santidad ejemplar, haber contribuido a profundizar el conocimiento de la fe católica, y ser declarado oficialmente Doctor por medio de una proclamación papal.

Asimismo, en el siglo XIII la Iglesia formalmente definió quién era y quién no era doctor de la Iglesia hasta ese momento. La lista inicial incluía a san Gregorio Magno, san Jerónimo y a san Agustín. Poco después fueron añadidos a la lista cuatro eminentes maestros: san Juan Crisóstomo, san Basilio de Cesárea, san Gregorio Nacianceno y san Atanasio.

A lo largo de los últimos ochocientos años, se han añadido a ellos veintiséis hombres y mujeres. La lista actual incluye obispos, sacerdotes y diáconos, así como dos papas, varios fundadores o reformadores de órdenes religiosas y unos cuantos místicos. Sólo en el siglo XX se añadieron diez doctores, incluyendo por primera vez a tres mujeres, santa Catalina de Siena, santa Teresa de Ávila y santa Teresa de Lisieux; y en octubre de 2012 la Iglesia proclamó doctores también a un sacerdote, el beato español Juan de Ávila, y la monja alemana Hildebranda Bingen.

Términos clave

Vía iluminativa
Vía purgativa
Vía unitiva

Capítulo 3

DESPERTAR Y CONVERSIÓN

Sumario

Todo camino de fe tiene un comienzo y las lecciones aprendidas en ese comienzo pueden ayudar a guiar el proceso a su debido fin. Lo demuestran las vidas de santa Teresa de Jesús y de san Agustín.

El camino de santa Teresa empezó con un despertar, un momento en el tiempo cuando se le abrieron los ojos a la grandeza de Dios y a la tragedia de su propia carencia de generosidad. Durante cuarenta años ella vivió la vida de una católica tibia. En aquellos primeros cuarenta años experimentó momentos de discernimiento e inspiración—momentos en los que Dios le dio una profunda sensación de su presencia y momentos en los que ella resolvió entregarle su vida a Cristo. Esos momentos fueron lo suficientemente poderosos e inspiradores para hacerle ingresar en el Carmelo a la edad de veinte años. Sin embargo, estas experiencias religiosas no bastaron para protegerla de la tibieza espiritual que encontró incluso al interior de los muros del convento.

Reflexionando sobre la primera parte de su vida, Teresa atribuía su falta de progreso en la vida espiritual a cuatro cosas: a no haber comprendido el peligro acumulativo de los pequeños pecados; a no haber evitado situaciones que podían llevarla a pecar; a no haber valorado y agradecido lo suficiente aquellos momentos de gracia e inspiración que Dios le daba; y al hecho de que confiaba demasiado en sí misma y no lo suficiente en Dios. Fue únicamente al reconocer estas cuatro fallas y obstáculos que pudo volver a avanzar en el camino de la santidad.

A diferencia de Teresa, el camino hacia Dios de san Agustín no empezó con un despertar, sino más bien con una conversión—un rechazo radical de sus creencias y acciones pasadas y la aceptación de un nuevo modo de vida.

Aunque la madre de Agustín, Mónica, era cristiana, su padre no lo era, y él al principio siguió los pasos de su padre y no de su madre. De joven, Agustín desarrolló un profundo interés por la filosofía y se encauzó en una carrera académica como maestro y erudito. Le preocupaba la verdad y, al menos en teoría, deseaba conocer y vivir la verdad. Pero ese deseo no era tan fuerte como su deseo lujurioso hacia las mujeres. Agustín se rebelaba contra la idea de la castidad y rehusaba siquiera considerarla.

Con el paso de los años, Agustín se fue acercando cada vez más a la fe cristiana. Dios usó todas las circunstancias en la vida de Agustín—su interés por la literatura y la filosofía, las decepciones del mundo y la fe de su madre—para llevarle al punto de la conversión. Pero incluso cuando por fin se convenció de la verdad del cristianismo, todavía le costo mucho abrazarlo. Sus hábitos pecaminosos los llevaba grabados y estampados en su alma. Esos hábitos habían llegado a ser una parte tan importante de su vida que no sabía como vivir sin ellos. Pero gracias, en gran medida, al ejemplo y testimonio de otros y, en mayor parte aún, debido a la gracia infinita de Dios, Agustín finalmente le entregó, a Dios, todos sus pecados y abrazó la fe que hacía ya mucho consideraba como la verdadera.

En esa entrega total Agustín fue testigo de la misma verdad que santa Teresa experimentaría en su despertar: que la gracia divina es el fundamento y verdadero centro de nuestra relación con Dios. Nunca podemos alcanzar la santidad por nuestra cuenta, ni podemos rechazar el pecado con nuestros propios esfuerzos. La gracia es el principio de todo.

Preguntas para la comprensión

1. ¿Cuáles son los peligros que conlleva tener una fe "tibia"?

2. ¿Cuál es la diferencia entre el pecado venial deliberadamente cometido y el pecado venial inadvertido? ¿Cómo pueden convertirse los pecados veniales en obstáculos para la santidad?

3. Define el término "cuasi-ocasión de pecado" ¿Cómo nos separan de Dios estas "ocasiones"?

4. ¿Cómo puede llegar a desanimarnos, en nuestra búsqueda de santidad, el llegar a confiar demasiado en nosotros mismos?

5. ¿Cómo define san Francisco de Sales la vida piadosa de un cristiano? ¿Cómo puede ayudarnos a llevar esa vida el apreciar las gracias de Dios?

6. ¿De qué manera puede un entendimiento erróneo de Dios constituirse en un obstáculo para la fe?

7. Describe la importancia del testimonio personal de la conversión de Agustín. ¿Quiénes fueron algunos de los testigos que le ayudaron en su camino? ¿Qúe hizo que su testimonio fuera tan poderoso?

8. ¿Cuál fue el principal obstáculo que impedía a Agustín abrazar la fe cristiana?

9. Según santa Teresa de Lisieux, ¿a quién perdona Dios más: a los que han cometido pecados graves o a los que nunca los han cometido? Desarrolla tu respuesta con mayor detalle.

10. ¿Qué dicen Juan Pablo II y santa Teresa es una constante tentación cuando se está progresando en la fe? ¿Cómo debemos asumir todas aquellas ocasiones de servir a Dios y hacer el bien?

Preguntas para la reflexión

1. Describe los comienzos de tu propio camino espiritual. ¿Has tenido siempre una fe fuerte o iniciaste una relación con Cristo mediante un despertar o una conversión religiosa? ¿Cuáles son algunas de las lecciones que has aprendido al principio del camino que te han ayudado según avanzabas por el camino de la fe?

2. Reflexiona sobre los cuatro obstáculos que le impedían a santa Teresa crecer en la santidad. ¿Te has topado alguna vez con esos mismos obstáculos? ¿Con cuáles de ellos? ¿Con cuáles de ellos aún continuas luchando? Desarrolla tu respuesta con mayor detalle.

3. ¿Quiénes son algunos de los testigos que te han ayudado a acercarte más a Dios? ¿Qué te dijeron o qué hicieron para ayudarte?

4. San Agustín retrasó el abrazar la fe cristiana porque no conseguía renunciar a sus pecados habituales. ¿Hay algún pecado en tu vida, ahora mismo, que te impide vivir tu fe libremente y a plenitud? Si es así, ¿cómo excusas o justificas tu conducta? ¿Cómo te están perjudicando esas excusas?

5. Cuándo se trata de practicar las virtudes y perseguir la santidad, ¿te encuentras alguna vez confiando más en ti mismo que en Dios? Si es así, ¿por qué crees que te ocurre eso? ¿Qué tiene que ocurrir para que eso cambie?

Brevemente—San Agustín

Nacido—el 13 de noviembre de 354 A.D., en la ciudad de Tagaste, actualmente parte de Argelia, en el norte de África.

Familia—Hijo de santa Mónica (cristiana devota y piadosa que se pasó décadas rezando por la conversión de su hijo y de su marido) y de Patricio (un pagano que se oponía a la fe de su esposa, pero que al final fue bautizado en su lecho de muerte, el año 372); Agustín fue el padre de Adeodato, a quien tuvo con su pareja de muchos años. Adeodato entró en la Iglesia con su padre en el año 387 y murió dos años después a los diecisiete años.

Conversión—En el año 387, tras varios años de resistirse a las afirmaciones de la fe cristiana, Agustín fue bautizado por san Ambrosio en Milán.

Trabajó—Como profesor, primero, de gramática en Tagaste (372–373), después de retórica en Cartago, en el norte de África (373–384), y finalmente de retórica en la corte imperial de Milán (384–387).

Sirvió—durante cuatro años como sacerdote en la diócesis de Hipo-Regio, en la costa del norte de África, y más tarde como obispo de Hipona hasta su muerte.

Combatió—casi todas las principales herejías cristianas de la Iglesia primitiva, incluyendo el pelagianismo, el arrianismo, el donatismo y el maniqueísmo.

Escribió—*Las Confesiones, Sobre la doctrina cristiana, La ciudad de Dios* y *Enquiridión,* además de otros muchos libros y miles de sermones, de los cuales aún se conservan más de trescientos.

Murió—Un 28 de agosto del año 430.

Su fiesta—El 28 de agosto.

Términos clave

Gracia Divina

Capítulo 4

LA COSMOVISIÓN BÍBLICA EN LOS SANTOS

Sumario

Comprender la sabiduría espiritual de los santos requiere, a su vez, entender o compartir su visión de la realidad--del cielo y el infierno y todo cuanto contienen. Esa visión es el fundamento de sus enseñanzas, y constituye una visión básicamente moldeada por las Sagradas Escrituras.

Para santos como Catalina de Siena, Bernardo de Claraval y Juan de la Cruz la visión comienza con el final—el final de cada persona. Porque, en definitiva, nos esperan dos posibles finales: el cielo o el infierno. El cielo es el cumplimiento de todo deseo, el lugar donde miramos el rostro de Dios y vivimos en perfecta amistad con todos los que amamos en esta vida que murieron en amistad con Dios. El infierno es un lugar de eterno arrepentimiento, donde vemos el rostro del demonio y nos atormentan los pecados pasados.

Comenzando y basándose en las Sagradas Escrituras, esos santos enseñan que sólo hay un camino para el cielo: Jesucristo. Por medio de nuestra relación con Él, y por la misericordia de Dios, podemos avanzar por el camino estrecho que lleva al cielo.

Aunque el amor debe definir nuestra relación con Dios, ese amor debe originarse en un sacro "temor de Dios", es decir, en un debido respeto por la bondad de Dios y un debido conocimiento de nuestra propia pecaminosidad. Ese temor es el principio de la sabiduría y del amor y actúa como un freno al comportamiento insensato que podemos tener durante nuestra vida terrenal.

Las Sagradas Escrituras también formaron e inspiraron el conocimiento que santa Catalina de Siena y san Juan tenían de la libre elección del ser humano y sobre el libre albedrío. Ambos reconocían que el cielo y el infierno son algo que nosotros elegimos y que las almas que habitan en estos dos estados están allí por decisión propia. Los que eligieron el bien durante su vida eligieron el cielo. Los que eligieron el mal eligieron el infierno. Y Dios aceptó ambas decisiones.

Puesto que ninguno de nosotros sabe el día y la hora cde nuestra muerte, cuando se acabe el tiempo de poder elegir, no debemos distraernos de la realidad del cielo y el infierno o la gravedad de nuestro pecado. Debemos amar ahora, rechazar el pecado ahora, y confiar en la misericordia de Dios ahora. Solo si seguimos ese camino—el que describe Cristo como "estrecho" y encontrado por "pocos" (Mt 7,13-14)—podemos evitar el dejarnos llevar por la cultura que nos lleva por el camino del infierno. Y solo si tenemos en cuenta los dos fines posibles de nuestra vida podemos escoger continuamente el fin que nos llevará al gozo.

Preguntas para la comprensión

1. Describe la imagen que Dios dio a santa Catalina de Siena para explicar la estructura de la realidad. ¿Cómo fue esa imagen y qué significaba?

2. ¿Según El *diálogo* de santa Catalina, cuáles son los cuatro principales tormentos en el infierno?

3. ¿Por qué contemplar al demonio es algo tan terrible para aquellas almas condenadas al infierno?

4. Define el sacro "temor de Dios".

5. ¿Cómo adquiere uno la verdadera sabiduría?

6. ¿Cuáles son algunas de las bendiciones y privilegios que reciben las almas en el cielo?

7. ¿Qué hace crecer en nosotros, según san Bernardo, la confianza en Dios?

8. Según san Juan de la Cruz, ¿a qué conclusiones debe arribar el alma antes de perseguir seriamente la santidad y el cielo?

9. ¿Qué finalidad tiene el enfocarse en aquellos pasajes bíblicos sobre la salvación, la condenación y la gravedad del pecado?

10. ¿Cuá es la "visión de conjunto" que santa Teresa de Ávila supone debemos comprender a fin de avanzar en la vida espiritual? ¿Qué impulsa a las personas a tener en cuenta esa "visión de conjunto"?

Preguntas para la reflexión

1. Reflexiona acerca de tu relación personal con Dios. ¿Le temes de alguna manera? Describe ese temor. ¿Es ese temor el debido temor de Dios, descrito en este capítulo, o es otra clase de temor?

2. ¿Ha habido algún momento cuando un apropiado temor de Dios te ha impedido tomar una decisión equivocada? Si te ha ocurrido, cuenta cómo paso. A continuación, describe una decisión equivocada que tomaste y que un temor de Dios más apropiado hubiera podido evitar. ¿De qué forma concreta puede ayudarte el temor de Dios a llevar una vida más virtuosa?

3. ¿Qué decisiones estás tomando ahora que pudieran llevarte a elegir el infierno? ¿Qué decisiones estás tomando ahora que pudieran llevarte a elegir el cielo? Tomado en cuenta la suma total de todas las decisiones que has tomado en tu vida hasta ahora, ¿adónde crees que elegirías ir si murieras hoy mismo: al cielo o al infierno?

4. Vuelve a leer Mateo 7,13–14. ¿De qué modo se oponen las palabras de Jesús a las actitudes culturales acerca del cielo y el infierno? ¿Con quién estas de acuerdo en este punto: con Jesús o con la cultura que te rodea? ¿Cómo se reflejan tus actos en tus creencias?

5. ¿De qué manera la cultura en que vives te aleja del camino "estrecho" que lleva al cielo? ¿Qué aspectos de la cultura contemporánea aún necesitas rechazar para continuar por la senda correcta de los "pocos"?

Brevemente—Santa Catalina de Siena

Nacida—En 1347 in Siena, Italia.

Familia—La que hacía veinticuatro de veinticinco hijos, hija de un próspero comerciante en lana, Catalina nunca se casó ni se hizo religiosa. Sin embargo, llevaba el hábito de dominica terciaria (una dominica laica que vive en el mundo)

Vivió—desde los dieciocho años a los veintiuno, en completa soledad en la casa de su padre, saliendo de su habitación sólo para hacer ciertas tareas cuando los otros miembros de la familia se habían ido a la cama. Después de contraer matrimonio espiritual con Jesús renunció a su soledad y comenzó una activa vida de apostolado en el mundo.

Ayunaba—la mayor parte de su vida adulta subsistió sobre todo con la Eucaristía.

Sirvió—como emisario del Vaticano a las ciudades de Pisa y Luca cuando estalló la guerra entre la Santa Sede y Florencia a mediados de los años 70 del siglo XIV.

Protestó—contra el semipermanente traslado del Papa a Aviñón, Francia. Catalina escribió varias cartas a Gregorio XI, viajando finalmente a Aviñón para defender su caso. Al final el Papa accedió a volver a Roma.

Escribió—El *Diálogo*, una relación de sus conversaciones con Dios. La mayoría de estas conversaciones fueron dictadas por Catalina a varios secretarios.

Murió—el 29 de abril de 1380, cuando vivía en Roma. Se había trasladado allí unos años antes a petición del papa Urbano VI para atenderlo a él y a sus cardenales de forma espiritual:

Su fiesta—el 30 de abril.

Términos clave

Temor del Señor

Capítulo 5

LA TRANSFORMACIÓN DEL PENSAMIENTO, EL DESEO Y LA ACCIÓN

Sumario

La vida de santa Teresa de Lisieux ejemplifica la transformación interior que se produce al perseguir la santidad. A medida que la joven doctora de la Iglesia se acercaba más a Cristo, adoptaba más y más la mente de Cristo, aprendiendo a ver el mundo y cuanto contenía a través de sus ojos y con su amor.

Para Thérèse la transformación empezó pronto. Contando con la bendición de unos muy cariñosos y muy piadosos padres católicos, Thérèse creció en una casa donde la fe constituía el centro de la vida diaria. Sus padres y sus hermanas mayores no solo la instruyeron en la fe, sino que también le sirvieron de modelos de fe. Le mostraron lo que significaba amar y servir, confiar y sacrificarse. También fueron modelo del amor del Padre por ella, rodeándola con su propio amor y ayudándola a comprender lo especial que era para ellas y para Dios.

Desde esa cuna de perfecta catequesis santa Teresa de Lisieux creció deseando las cosas y asuntos celestiales más que las cosas materiales y terrenales. Sus amores terrenales fueron purificados y sus principales inquietudes fueron las del Señor. Complacerle, servirle y atraer almas hacia Él eran sus únicos deseos. Todos aquellos que caminan junto a Dios experimentan una transformación parecida. A medida que crecemos en santidad, nuestros deseos, temores, e incluso nuestras experiencias gozosas cambian.

La transformación de la alegría es particularmente importante. En un mundo caído nos alegramos a menudo por cosas que no son buenas, o encontramos nuestro mayor gozo en bienes temporales. Esta alegría desordenada, que da demasiado valor a las cosas del mundo, nos pone en peligro espiritual y al final pueden desviarnos de Dios. Sin embargo, cuando la alegría está debidamente ordenada y aprendemos a encontrar el gozo en Cristo, también aprendemos a encontrar el tipo adecuado de alegría en todos los bienes secundarios de la creación.

Esa es la clase de alegría que Teresita experimentaba en la vida. Es también la clase de alegría que ha ayudado a otros a encontrar a Dios.

Preguntas para la comprensión

1. ¿Cuál es, según Teresita, el mayor bien que una persona puede desearle a otra?

2. ¿De qué manera la naturaleza y las cosas creadas le fueron revelando a Teresa aquellas cosas divinas y celestiales?

3. Enumera al menos tres maneras en que la familia de Teresita le ayudó a acercarse más a Dios.

4. ¿Que función desempeñaron la liturgia y los sacramentos en la transformación espiritual de Teresa?

5. Menciona dos batallas espirituales de santa Teresa de Lisieux descritas en este capítulo. Describe cómo se sobrepuso en cada caso.

6. Según san Juan de la Cruz, ¿cómo se transforma la emoción del miedo al crecer en santidad?

7. Enumera las seis clases de bienes en los que san Juan dice que se gozaría. Describe cada una brevemente.

8. ¿Cuáles son los cuatro grados de daño que pueden derivarse de gozar desordenadamente los bienes temporales?

9. ¿Cuáles son los cuatro "rasgos" o pecados que surgen según cada uno de esos grados de daño?

10. Describe lo que les ocurre a los que se niegan a sí mismos el gozo desordenado en cosas temporales. ¿Cómo es posible que eso suceda?

Preguntas para la reflexión

1. A menudo la Iglesia describe la familia como la "escuela de la fe". Así fue en el caso de Teresa. Reflexiona sobre tu propia educación en tu familia. ¿De qué manera te ayudó a ti a prepararte para el camino hacia Dios? ¿De qué modos no llegó a darte la preparación necesaria?

2. Menciona al menos dos cosas comunes y mundanas o dos personas que te hayan ayudado a ver a Dios. Describe cómo lo consiguieron:

3. ¿Tienes que resistirte a veces para no disfrutar de forma desordenada los bienes temporales? ¿Qué bienes temporales? ¿Por qué crees que esto constituye una lucha para ti?

4. Reflexiona acerca de los cuatro rasgos que corresponden a los cuatro grados de daño que resultan del disfrute desordenado de bienes temporales. ¿Ves en ti algunos de estos rasgos? ¿Cómo daña todo esto tu relación con Dios?

5. Al ir acercándote más a Dios, ¿cómo han cambiado tus propios deseos? ¿Qué deseas ahora que antes no solías desear nunca? ¿Cómo te ha cambiado a ti y tu modo actual de vida ese cambio de deseos?

Brevemente—Santa Teresa de Lisieux

Nacida—El 2 de enero de 1873 en Alençon, Francia.

Familia—La más joven de los nueve hijos que tuvo el matrimonio Martin, los beatos Louis y Zélie. De los cinco que sobrevivieron, cuatro (incluyendo Thérèse) ingresaron en la Orden Carmelita, mientras que otra se hizo hermana de la Visitación.

Vivió—en Alençon y Lisieux, Francia, hasta que a los quince años, ingresó como carmelita de claustro en Lisieux. Allí vivió hasta el final de su vida.

Soñó—en llegar a ser misionera. Aunque su mala salud, entre otras cosas, le impidieron llegar a ser una misionera carmelita, mantuvo una larga y activa correspondencia con cuatro sacerdotes misioneros y oró fervientemente por el éxito de su misión. Hoy la Iglesia la considera como una de las principales patronas de todos los misioneros.

Encontró—"el caminito" hacia Dios, un camino caracterizado por una total confianza en Dios y haciendo los "pequeños actos" con "gran amor".

Escribió—*La historia de un* alma, su autobiografía espiritual escrita a petición de su superiora (que era también su hermana). Desde su muerte se han publicado también varias colecciones de cartas, poemas y sus últimas conversaciones con sus hermanas carmelitas.

Murió—El 30 de septiembre de 1897, a la edad de veinticuatro años, de tuberculosis.

Su fiesta—1 de octubre.

Términos clave

Bienes temporales
Bienes naturales
Bienes sensoriales
Bienes morales
Bienes supernaturales
Bienes espirituales

Capítulo 6

LA LUCHA CONTRA EL PECADO

Sumario

Dios llama a todos los hombres y mujeres, tanto laicos como religiosos, a la santidad. Nos llama, en palabras de san Francisco de Sales, a la vida devota. Pero solo podemos responder a esa llamada si comprendemos la naturaleza de la vida devota. A menudo, y con mucha frecuencia, el mundo confunde las muestras exteriores de piedad con la verdadera devoción, sin llegar a discernir la importancia de la transformación interior y del amor. Esa confusión no solo nos debilita para vivir la vida devota, sino que crea formas de espiritualidad falsas y a veces peligrosas.

Sin embargo, simplemente el llegar a conocer la verdadera naturaleza de la vida devota tampoco es suficiente para hacernos santos. La vida devota tiene que vivirse, no solo entenderse. Y el primer paso para vivir esa vida es rechazar el pecado grave. Un alma no puede realmente seguir a Dios sin antes tomar la decisión de nunca más cometer ofensas morales graves a sabiendas y voluntariamente. Dejar de rechazar el pecado mortal es escoger mantenerse separado de la gracia, el alimento de la vida espiritual.

Después de rechazar el pecado grave debemos rechazar el deseo o el afecto por esos pecados. No basta simplemente dejar de pecar.

Para llegar a ser santo necesitamos también comprender el horror de nuestros pecados. Necesitamos verlos como lo que son: el mal. Cualquier afecto por el pecado nos impide avanzar espiritualmente.

A diferencia de los pecados mortales, los veniales no nos separan de la gracia de Dios. Sin embargo, pueden convertirse en un gran impedimento en el camino hacia el cielo si no nos los tomamos en serio. Del mismo modo, el afecto por los pecados veniales o la falta de verdadera contrición abren, muy a menudo, la puerta para pecados más serios.

Entre guardarse de la escrupulosidad, por una parte, y, por la otra, de la negligencia, los santos establecen una importante diferencia: la diferencia entre los pecados veniales *conscientes* y aquellos que son *inadvertidos*. Los pecados veniales conscientes son aquellos que decidimos cometer libremente después de cierta reflexión, aunque sabemos que perturban y molestan a Dios. Los pecados veniales inadvertidos son aquellos que "simplemente ocurren" ante la ausencia de un mínimo de reflexión o deliberación. Santa Teresa de Jesús los interpretaba como aquellos pecados descritos en las Sagradas Escrituras cuando estas afirman que "la persona justa cae siete veces al día".

Preguntas para la comprensión

1. ¿Qué caracteriza, según san Francisco de Sales, la espiritualidad y de la devoción verdadera?

2. Qué significa ser devoto o vivir una vida piadosa?

3. ¿Cuáles son las dos prácticas que san Francisco recomienda para ayudar a las almas a rechazar el pecado grave?

4. ¿Qué consejo da san Francisco para hacer una buena confesión?

5. ¿Cuál es el peligro de alimentar el afecto por el pecado grave?

6. ¿Qué verdades sugiere san Francisco que contemplemos para liberarnos del afecto al pecado grave?

7. ¿Cuál es la espada de doble filo con la que santa Catalina de Siena dice que debemos entablar nuestras batallas espirituales?

8. ¿Cuáles son los peligros de alimentar el afecto por los pecados veniales?

9. ¿En qué consiste la perfección, según san Francisco?

10. ¿Qué necesitamos para perseverar en nuestra lucha contra el pecado?

Preguntas para reflexionar

1. ¿Cómo crees que el malinterpretar la verdadera devoción puede alejarlo a uno de Dios? Describe en qué podría consistir esta falsa comprensión.

2. ¿Qué pecados serios tuviste que rechazar en tus conversaciones para poder buscar una relación con Dos más íntima? ¿Hay todavía algún pecado grave que no hayas aún rechazado? Si es así, ¿por qué no? ¿Qué daño crees tú que esto le hace a tu vida espiritual?

3. ¿Qué pecados veniales se te resisten más? ¿Por qué piensas que te ha costado tanto romper estos hábitos de pecado? ¿De qué manera están interfiriendo estos pecados en tu relación con Dios?

4. Vuelva a considerar el consejo de san Francisco de Sales sobre el sacramento de la Confesión, ¿hasta qué punto ese consejo constituye un reflejo de tu propia práctica del sacramento? ¿Qué más puedes hacer para aprovechar las gracias de la Confesión?

5. Describe por lo menos una ocasión en que la gracia de Dios te ha ayudado a rechazar el pecado y el afecto al pecado. ¿Cómo transformó esa gracia tu corazón y tus actos?

Brevemente—San Francisco de Sales

Nacido—El 21 de agosto de 1567, en Thorens, una ciudad francesa cerca de la frontera Suiza.

Familia—Hijo de padres aristocráticos y el mayor de seis hermanos.

Tentado—a la desesperación en los últimos años de su adolescencia. Su angustia nace de las disputas teológicas sobre la predestinación que causaban furor en su universidad ya lo largo y ancho de Europa en esa época. Fue librado de esa desesperación mientras oraba ante la imagen de la Virgen María. Inmediatamente después hizo un voto de consagración a la santísima virgen.

Fungió—como sacerdote en la diócesis de Ginebra y más tarde como obispo de Ginebra.

Vivió—toda su vida religiosa forzosamente separado de su sede episcopal de Ginebra, exilado por orden de los calvinistas.

Trabajó—arduamente para ganar almas para la Iglesia Católica, viajando por toda su diócesis primero como sacerdote y después como obispo, predicando las verdades de la fe. También estableció varios programas muy sólidos de catequesis para los católicos a fin de asegurarse de que conocieran su fe mínimamente, para no ser atraídos por los argumentos teológicos de los protestantes.

Escribió—el gran tratado de espiritualidad laica *Introducción a la vida devota*, así como numerosos panfletos defendiendo la fe católica (actualmente compilados en un solo volumen y publicados bajo el título de "*La controversia católica*") y algunos otros tratados teológicos que circulan hasta el día de hoy. Debido a su prolífica obra y su vasta producción literaria hoy en día es considerado el patrón de los periodistas e escritores.

Murió—el 28 de septiembre de 1622, a los 55 años. Su última palabra fue una de consejo dirigida a una religiosa: "Humildad".

Su fiesta—24 de enero.

Términos clave

Pecado mortal
Pecado venial

Capítulo 7

LA IMPORTANCIA DE LA ORACIÓN

Sumario

La vida espiritual es, en primer lugar, una relación. Es vivir enamorado de Dios y en amistad con Él. Pero, como en cualquier relación, ese amor y esa amistad no ocurren así como así. Para acercarnos a Dios hace falta que hagamos las mismas cosas que hacemos para acercarnos a nuestros amigos, a nuestro marido o a nuestra esposa: pasar tiempo juntos, escuchar y compartir lo que pensamos y lo que sentimos. En otras palabras, acercarse a Dios requiere oración.

En el fondo, eso es la oración, un tiempo que pasamos con Dios, escuchándole, hablándole y, sencillamente, estando con Él, La oración puede ser vocal—palabras memorizadas o espontáneas y dichas en alto, solo uno o con otros——o mental, pensamientos y sentimientos comunicados sin palabras. Puede expresar alegría, pesar, gratitud, frustración, deseo, contrición, ira, fe. Puede contener una meditación de las verdades espirituales y de la sabiduría bíblica. Puede empezar leyendo o contemplando una imagen sagrada. Y puede llevarse a cabo en el silencio de una iglesia o en el ruidoso caos de una oficina o de un hogar.

Independientemente de dónde o cómo oremos, lo que importa es que la oración nazca del corazón, que sea un auténtico acto de comunicación y de amor, y no una serie de vanas repeticiones o palabrería ligera y vacía, mientras la mente divaga en mil asuntos lejos de las frases y palabras seudoreligiosas emitidas.

A través de los siglos los santos nos han ofrecido una cantidad de consejos basados en su sabiduría práctica sobre cómo y cuándo orar. Esa sabiduría siempre se manifiesta en forma de sugerencias flexibles, y no como fórmulas rígidas. Pero cuando aplicamos esas estas sugerencias, ellas pueden dar gran fruto. Entre ellas está el consejo de santa Teresa de Jesús de que nos centremos siempre en Aquel a quien estamos hablando en oración. Otros santos, como san Francisco de Sales, ofrecen ideas sobre cuándo y dónde orar, y también cómo luchar contra las distracciones durante la oración. San Francisco también traza un modelo para el día, un ritmo de vida a adoptar que puede ayudarnos a mantenernos cerca del Señor en medio de todas nuestras actividades rutinarias, mientras que san Bernardo de Claraval nos enseña cómo podemos vivir un tipo de soledad orante aún en medio del ajetreo de la vida.

Sin embargo, diferentes hábitos darán mejor resultado a unos que a otros. No obstante, el objetivo de la oración será siempre el mismo: alimentar nuestras almas con lo que necesitan para crecer en el amor y en la virtud, es decir, el de forjar una relación personal con Cristo.

Preguntas para la comprensión

1. ¿Cómo describe la oración santa Teresa de Lisieux?

2. ¿Qué determina el valor de nuestra oración, según santa Teresa de Jesús?

3. Enumera, con tus propias palabras, los seis pasos que sugiere san Francisco de Sales para crear un tiempo de oración estructurado.

4. ¿Por qué es importante, según san Francisco, cumplir las resoluciones hechas en la oración?

5. Según san Bernardo, ¿de dónde vienen los pensamientos buenos en la oración? ¿Y de dónde vienen los malos?

6. Si, en contra de nuestra voluntad y a pesar de todos nuestros esfuerzos, nos asaltan las tentaciones y distracciones mientras estamos rezando, ¿que nos aconseja hacer santa Teresa?

7. ¿Qué nos aconseja san Francisco sobre cuándo, dónde y cuánto tiempo orar?

8. Describe con tus propias palabras el plan que propone san Francisco para ayudarnos a recordar a Dios durante el día.

9. Según san Bernardo, ¿podemos estar a solas con Dios espiritualmente, aún cuando no podamos estarlo físicamente?

10. ¿Qué oración breve recomienda san Bernardo que recemos tan a menudo como nos sea posible, para mantenernos cerca de Dios?

Preguntas para la reflexión

1. Describe tu propia vida de oración. ¿Cuan a menudo rezas? ¿Dónde rezas? ¿Cuándo rezas? ¿A qué tipo de oración le dedicas más tiempo, a la mental o a la oral?

2. ¿Que tan fielmente refleja tu vida de oración–-cómo, dónde, cuándo y qué—el consejo de los santos como santa Teresa, san Francisco y san Bernardo ¿Qué puntos débiles hay en tu vida de oración? ¿Qué puntos fuertes?

3. Cuándo oras, ¿cuan atento estás a quien estás orando? ¿Cuándo te parece que estás más atento? ¿Y cuando estas menos atento? ¿Qué medidas puedes tomar para aumentar tu nivel de concentración en la oración?

4. ¿La distracción es un problema para ti cuando estás orando? ¿Qué has hecho para luchar contra este problema? ¿Qué más crees que podrías hacer?

5. Enumera los obstáculos que más frecuentemente se interponen en tu camino para pasar en oración todo el tiempo que te gustaría. ¿Cuáles son algunas de las medidas que podrías tomar para vencer esos obstáculos?

Brevemente—Santa Teresa de Jesús

Nacida—El 28 de marzo de 1515, en Ávila, España.

Familia—Una de once hijos de la familia adinerada de un caballero español que era hijo de un judío converso.

Educada—de adolescente, en una orden religiosa. Como prefería la vida del convento a la de su casa, o al matrimonio, ingresó en la orden carmelita a los veinte años.

Combatió—el ambiente mundano y la relajación dentro de la orden carmelita. Santa Teresa se quejaba de la vanidad y el coqueteo de las monjas, así como de la preferencia dada a las hermanas adineradas y el desinterés por los pobres y por la oración.

Incomprendida—por casi todos. Sus amigos y confesores a menudo tenían sus dudas acerca de las comunicaciones que ella recibía del Señor. La orden carmelita se oponía a sus reformas. Las otras hermanas la amenazaban con denunciarla a la Inquisición, y un princesa, que le había pedido que fundara un convento, la denunció. La publicación de sus libros fue retrasada durante muchos años mientras la Inquisición los examinaba, hasta que al final los aprobaron. Por si fuera poco, el nuncio papal la describió como "una inquieta y desobediente locuela que va por ahí enseñando como si fuera una profesora".

Fundó—las Carmelitas Descalzas, con san Juan de la Cruz. Al morir dejo, como legado, diecisiete monasterios reformados para mujeres y diez para hombres.

Escribió—su autobiografía, *La vida de santa Teresa de Jesús,* así como *Camino de perfección*, *El castillo interior (o Las moradas)* y varios pequeños tratados teol*ógicos y reflexiones.*

Murió—en 1582, a los 68 años.

Su fiesta—15 de octubre.

Términos clave

Oración contemplativa
Lectio Divina
Meditación
Oración mental
Oración vocal

Capítulo 8

TENTACIONES Y PRUEBAS

Sumario

En cada camino espiritual se presentan tentaciones y pruebas. Esas tentaciones y pruebas pueden retrasar, obstruir e incluso interrumpir nuestro camino hacia Dios. Pero, si respondemos a ellas correctamente, también pueden incitarnos a una mayor devoción, aumentar nuestra fe y acercarnos cada vez más a la santidad.

Al comienzo de nuestro camino la tentación a una devoción excesiva y a prioridades equivocadas, y una incapacidad para mirar la vida desde la perspectiva de la eternidad, son los obstáculos más comunes. Nuestra propia debilidad humana le da al demonio incontables oportunidades para distraernos y disuadirnos de seguir a Dios. Para resistir y superar estas tentaciones necesitamos conocer nuestros pecados y debilidades, así como la misericordia y poder de Dios.

El vencer las tentaciones también exige que nos centremos en los desafíos más inmediatos para el crecimiento y en las oportunidades para recibir la gracia de Dios que Él nos proporciona cada día. Cuando lo hacemos con el deseo de complacer a Dios, los pequeños sacrificios y los pequeños actos de amor pueden convertirse en medios poderosos para resistir la tentación y para crecer en santidad.

Sin embargo, podemos vencer la tentación antes de que esta se presente. Si evitamos la ocasión próxima de pecar, esto nos ayudará a protegernos de aquellas tentaciones que, caso contrario, no tendríamos la fuerza necesaria de resistir. Cuando vienen las tentaciones, el momento más importante en nuestro afán de resistirlas es muy al principio, cuando estas aparecen por primera vez. Lo mejor que podemos hacer en ese momento crucial es ir corriendo a la Cruz de Cristo para pedirle su ayuda.

También es importante reconocer que las tentaciones no son un problema en si mismo. El problema radica en cómo respondemos a dichas tentaciones. Por muy santos que lleguemos a ser, las tentaciones al pecado siempre seguirán surgiendo. De hecho, algunas de las mayores tentaciones las experimentaron los más grandes santos. Pero ellos resistieron la tentación clamando a Dios y, al hacerlo, creció su fe. Ellos entendieron que la tentación no es lo mismo que el pecado. No es pecado experimentar la tentación, pero sí contemplar la tentación, complacerse en la tentación o sucumbir a la tentación.

Las pruebas, como las tentaciones, siempre aparecen en todo peregrinaje hacia Dios que comienza un alma. Una de las pruebas más comunes es lo que comúnmente se denomina la aridez en la oración. Aunque hay varias razones (y varios remedios) para esta aridez, todos experimentaremos esta prueba tarde o temprano. Para discernir el remedio para esta aridez necesitamos discernir su causa. Pero, sin embargo, lo mismo que la tentación, si respondemos apropiadamente a esta prueba, puede ser una gran ocasión para crecer en la fe, la esperanza y el amor.

Preguntas para la comprensión

1. Describe con tus propias palabras las tres tentaciones que, según santa Teresa de Jesús, se dan con más frecuencia durante los primeros estadios del camino espiritual de una persona.

2. ¿Qué remedios concretos proponen santa Teresa y san Francisco de Sales para cada una de las tres tentaciones?

3. ¿Por qué es importante poseer un conocimiento de sí mismo y ser conscientes de la misericordia de Dios?

4. Describe el "caminito" de santa Teresa de Lisieux. ¿Cuáles son algunos de los modos concretos en que vivió este "caminito"?

5. Según san Francisco ¿qué peligros pueden surgir de solamente buscar los "buenos sentimientos" en la oración?

6. Enumera los tres pasos de la tentación que identifica san Francisco. ¿Por qué el segundo paso es considerado el más crucial?

7. ¿Por qué es tan importante evitar las ocasiones próximas de pecar?

8. Menciona al menos cuatro cosas que pueden ayudarte a vencer las tentaciones al pecado.

9. ¿Cuáles son las tres causas principales de la aridez en la oración? ¿Cuál es el remedio recomendado para cada una de esas causas?

10. ¿Por qué algunas veces Dios permite que nosotros sintamos aridez en la oración? ¿Qué provecho puede derivar de una prueba como esta?

Preguntas para la reflexión

1. Menciona dos o tres maneras prácticas de imitar el "caminito" de santa Teresa. ¿Cómo crees que ese "caminito" te ayudará a perseverar mientras tengas pruebas y tentaciones?

2. ¿Cuál es tu primera reacción cuando se te presenta una tentación seria? ¿Es así como debes responder? Si no, ¿qué deberías hacer? Sé específico.

3. ¿Cuáles son algunas cuasi ocasiones de pecar que has aprendido a evitar? ¿Cuáles son algunas cuasi ocasiones de pecar que aún tienes que aprender a evitar? ¿Por qué crees que has seguido poniéndote en esas situaciones? ¿Qué daño te están haciendo?

4. Evalúa el estado actual de tu vida de oración. ¿Estás experimentando alguna aridez? Si es así, ¿cuál crees que es su origen?

5. ¿Cuánto dependes de los "buenos sentimientos" o de los consuelos espirituales? ¿Cómo crees que cambiaría tu relación con Dios si no fuera por esos buenos sentimientos y consuelos?

Brevemente—San Juan de la Cruz

Nacido—cerca de Ávila, España, en 1542.

Familia—Hijo de un joven aristócrata que dejó su familia y su fortuna para casarse con la hija de un pobre tejedor. Juan era el más joven de tres niños que, al morir el padre cuando él tenía solo dos años, pasaron muchos apuros para subsistir.

Estudió—en un colegio de jesuitas, gracias a la generosidad de un tío suyo sacerdote. En su tiempo libre Juan ganaba dinero para su familia trabajando en un hospital.

Ingresó—en la orden del Carmelo, pero siguió como carmelita y fue ordenado sacerdote solo cuando santa Teresa de Jesús le persuadió para que no dejara a los carmelitas por los cartujos (una de las órdenes monásticas contemplativas más estrictas).

Encarcelado—durante nueve meses por su propia orden en una pequeña celda, no más grande que su propio cuerpo, y azotado por sus mismos hermanos tres veces por semana. ¿La razón de esta barbarie? Su asociación con Teresa de Ávila para fundar conventos de carmelitas reformadas o "descalzas".

Escribió—los que actualmente se consideran los mejores tratados místicos de todos los tiempos, incluyendo *La noche oscura del* alma, *El cántico espiritual*, *La subida al Monte Carmelo* y *La llama de amor viva.*

Influyó—en santos más modernos tales como santa Teresa de Lisieux (que amorosamente guardaba uno de sus libros en su mesita de noche durante sus últimos días), y filósofos y pensadores contemporáneos, tales como Hans urs von Balthasar, Thomas Merton, Jacques Maritain, y el papa Juan Pablo II, que escribió su tesis doctoral sobre san Juan.

Murió—el 14 de diciembre de 1591, de una infección en la pierna.

Su fiesta—14 de diciembre.

Términos clave

Noche activa de los sentidos
Noche oscura de los sentidos

Capítulo 9

UNA CIERTA ESTABILIDAD

Sumario

Cuando estamos por entrar en el principio de la vía iluminativa (o lo que santa Teresa de Jesús describe como pasar de la tercera mansión a la cuarta mansión) nuestras vidas tienen mucho parecido con la imagen estereotipada del "buen católico". Practicamos la virtud en nuestra vida personal y profesional; oramos con regularidad y ayunamos cuando debemos hacerlo; damos generosamente y no nos dejamos consumir por las cosas del mundo.

Tanto para los laicos como para los religiosos esta fase no tiene que ser el final de nuestro camino espiritual. Podemos avanzar mucho más, hasta la unión espiritual profunda con Dios. Pero, para muchos, es el final. Nuestro progreso hacia Dios se detiene aquí, generalmente por falta de conocimiento o falta de deseo.

A fin de llegar a ser santo—verdaderamente santo—son necesarias dos clases de conocimiento: conocimiento de sí mismo y conocimiento de Dios. El conocimiento de sí mismo implica conocer la dignidad y la belleza del hombre y la fealdad del pecado. El conocimiento de Dios requiere el reconocer su increíble amor y misericordia. Juntos, esos dos tipos de conocimiento nos permiten avanzar hacia Dios, con esperanza y sin temor.

El deseo de santidad, el deseo de Dios es también un prerrequisito para alcanzar la unión espiritual. Nunca es suficiente simplemente saber que el progreso espiritual es posible. También tenemos que desearlo con todo el alma y de todo corazón. No podemos, sin embargo, producir ese deseo por nuestra cuenta. El verdadero deseo es un don del Espíritu Santo. El Espíritu Santo nos atrae hacia Dios, transforma nuestras mentes y nuestras voluntades y aumenta nuestro conocimiento y amor de Dios. Por eso los santos nos instan a invocar al Espíritu Santo una y otra vez, pedirle su ayuda y los dones que Él tiene para darnos.

Si queremos llegar al final de nuestro camino espiritual, nuestra oración debe ser siempre: "Ven, Espíritu Santo, ven".

Preguntas para la comprensión

1. Enumera las características que santa Teresa de Jesús atribuye a las almas en el tercer estadio (la tercera mansión) del camino espiritual.

2. ¿Cómo describe santa Teresa el alma que no está manchada por el pecado mortal? ¿Cuál es la diferencia entre esa imagen y su descripción de un alma en las garras del pecado?

3. ¿Dónde está la verdadera casa de Dios, según san Bernardo?

4. ¿Cuál es el peligro de poseer el conocimiento de sí mismo sin poseer también el conocimiento de Dios? ¿Qué le dice Dios a santa Catalina que el demonio intentará hacer con nuestro ser, que esta consciente de nuestro pecado?

5. ¿Qué evidencia bíblica sugiere que es posible el progreso en la vida espiritual? Resume en tus propias palabras al menos dos pasajes bíblicos citados en este capítulo que nos dicen que la santidad es una meta alcanzable.

6. ¿Cuál es uno de los modos en que Dios aumenta nuestro deseo de Él?

7. ¿Termina nuestro deseo de Dios cuando llegamos al final de nuestro camino espiritual? ¿Por qué sí, o por qué no, según san Bernardo?

8. ¿Qué debemos hacer cuando nos hace falta un fuerte deseo de Dios, y qué pasa cuando lo hacemos?

9. Aunque nuestro deseo de Dios no sea grande, en algún momento dado, ¿cómo podemos saber si Él continua obrando en nuestra vida?

10. ¿Qué es el "beso" de Dios? ¿Qué se adquiere o logra con este "beso"? ¿En qué se parece este "beso" a la idea de san Juan de la Cruz de la doble dimensión de la contemplación?

Preguntas para la reflexión

1. ¿Te ves alguna vez complaciéndote respecto a tu relación con Dios? ¿Cuáles son los peligros inherentes a esa forma de pensar?

2. ¿Cómo has llegado a conocerte mejor en el transcurso de tu vida? ¿Qué, o quién, te ha ayudado a alcanzar ese conocimiento de ti mismo? ¿Cuáles han sido las cosas más inesperadas que has aprendido sobre ti mismo?

3. ¿Quién, o qué, te a ayudado más a llevarte hacia un conocimiento de Dios más profundo? ¿A medida que ha crecido tu conocimiento de Dios, ¿ha cambiado tu relación con Él?

4. ¿Que tan a menudo vacila tu deseo de Dios? ¿Cuál crees que es la causade esta vacilación? ¿Cómo reaccionas cuando esto te ocurre? ¿Te ayuda esa reacción o te duele? ¿Cómo crees que debería ser tu respuesta?

Brevemente—Bernardo de Claraval

Nacido—En 1090, cerca de Dijon, Francia.

Familia—El tercero de los siete hijos del beato Tescelin, Señor de Fontaies, y la beata Aleth de Montbard. Cinco de los hermanos de Bernardo también fueron beatificados.

Ingresó—a la austera Orden Cisterciense en el año 1112, junto a otros treinta jóvenes nobles, entre ellos su tío y sus hermanos, a quienes él había persuadido.

Rechazó—múltiples episcopados, prefiriendo la vida de abad y de predicador.

Predicó—la Segunda Cruzada a lo largo y ancho de Francia y por toda Alemania a instancias del papa Eugenio III. Miles de hombres respondieron con entusiasmo a la llamada a rescatar Tierra Santa de los musulmanes. Cuando esa cruzada fracasó, tal vez, en parte, debido a los pecados de los cruzados, muchos culparon a Bernardo, que, a pesar de la controversia, siguió fiel a su misión en la Iglesia.

Sanó—el Gran Cisma que siguió a la muerte del papa Honorio II en 1130. Como dos hombres reclamaban el papado al mismo tiempo, los obispos de la Iglesia le pidieron a Bernardo que decidiese quién era el papa legítimo. Bernardo eligió a Inocencio II y su decisión fue aceptada por los gobernantes y grandes intereses reinantes de Europa.

Escribió—cientos de homilías, cartas y tratados teológicos, entre ellos su más famoso sobre El Cantar de los Cantares.

Murió—un 20 de agosto de 1153.

Su fiesta—20 de agosto.

Términos clave

Conocimiento de sí mismo
Desesperación
Beso de Dios

Capítulo 10

CRECER EN LIBERTAD

Sumario

Para atraernos a Él, Dios llenó el mundo de gente, placeres y cosas creadas, todas obras de sus manos buenas y bellas. Él quiso que esas obras nos ayudaran en nuestro camino hacia Él. Su designio era enseñarnos acerca de Dios, señalarnos el camino hacia Dios e inspirarnos a ir a Él. Pero nuestros primeros padres perdieron su gracia. Ahora, como consecuencia, esas mismas personas y cosas que Dios creó para atraernos a Él tienen, a menudo, el efecto contrario. Pueden ser obstáculos para la santidad. Ponemos nuestro corazón en ellos, no en Dios, y buscamos en ellos nuestra felicidad, nuestros logros y hasta la salvación. Los convertimos en nuestros ídolos y nos perdemos.

Como consecuencia, el progreso en la vida espiritual requiere un creciente desprendimiento de los bienes de este mundo. Tenemos que desechar los deseos desordenados y poner por encima de ellos a Dios. Eso no quiere decir que tengamos que dejar de amar las cosas del mundo. Más bien, al reorganizar nuestros afectos y buscar la felicidad como Dios quiso que la buscáramos, podemos efectivamente amar esas cosas aún más, con mayor libertad y con mayor conocimiento.

Una de las cosas más básicas que necesitamos desechar es el deseo desordenado del dinero y de las posesiones. Aunque Dios no nos pide que vivamos en la pobreza, sí pide a todos los cristianos ser "pobres de espíritu", a dar con liberalidad y generosidad, a no enfrascarnos en acumular más posesiones y a no buscar nunca la ganancia a expensas de otros. También llama a los cristianos a despegarse de los placeres sensuales, pidiendo incluso a los casados que abracen la virtud de la castidad. En definitiva, la castidad significa vivir las enseñanzas de la Iglesia sobre la sexualidad según nuestro estado en esta vida y no dejar nunca que los deseos sexuales se sobrepongan a la fidelidad o a la caridad.

Tal vez el amor más difícil de desechar sea el amor a uno mismo, el orgullo. El orgullo nos ciega para ver nuestras propias fallas y nos tienta a creer que nuestra salvación depende de nuestros propios méritos y de nuestras buenas obras. Ese orgullo ha de ser doblegado y debemos abrazar la humildad si queremos acercarnos más a Dios. Aceptando las pruebas y desgracias, cultivando la paciencia y desprendiéndonos de nuestro deseo de ser respetados y admirados podemos adquirir las virtudes que necesitamos para renunciar al orgullo y reorganizar nuestros afectos y deseos.

Preguntas para la comprensión

1. ¿Cuáles son, según san Juan de la Cruz, los signos del verdadero desprendimiento respecto al dinero y a las posesiones?

2. ¿Cuáles son las ramificaciones espirituales que conlleva poner nuestro corazón en el dinero, las posesiones y las cosas?

3. ¿Qué aconseja san Francisco de Sales para practicar la castidad?

4. ¿Por qué es el orgullo, según san Bernardo, el comienzo de todo pecado?

5. ¿Cómo oscurece el orgullo nuestro modo de entender la salvación?

6. ¿Cómo deberíamos ver, según san Bernardo, los méritos que poseemos?

7. ¿De qué manera podemos conscientemente decidir ser humildes? ¿Cómo nos ayudará eso a vencer el orgullo y el amor a sí mismo?

8. ¿Cómo pueden la enfermedad y el sufrimiento llegar a ser medios para vencer el orgullo?

9. ¿Qué relación hay entre el orgullo y la impaciencia?

10. ¿A qué cuatro áreas dice san Francisco de Sales debe extenderse nuestra obediencia a la voluntad de Dios? ¿Cómo puede ayudarnos la práctica de la obediencia a crecer en la humildad?

Preguntas para la reflexión

1. Repasa los indicadores descritos por san Francisco para discernir un espíritu de desprendimiento o de pobreza. Usando esos indicadores como guía, ¿Cuan desprendido eres tú del dinero o de las posesiones materiales? Menciona dos o tres cosas prácticas que puedes hacer para despegarte más de esas cosas.

2. Nuestro apego a los placeres sensuales puede expresarse en pensamiento y en acción. ¿Supone cualquiera de esas dos formas una lucha para ti? Si es así, explícalo. ¿Cómo puedes empezar a practicar los consejos que nos dan los santos para desprendernos de los placeres sensuales?

3. ?Recuerda haber cometido un error o un pecado y que te criticaron justamente? Describe esa situación en mayor detalle. ¿Cómo reaccionaste? ¿Hubo algún rastro de orgullo en esa reacción? Para

cultivar la humildad ¿cómo deberías reaccionar en situaciones similares de ahora en adelante?

4. ¿Qué ocasiones tienes ahora mismo en tu vida para practicar la paciencia y la humildad? ¿Hay alguna forma en que puedas cambiar tu actitud o conducta para aprovechar mejor estas oportunidades? Si la hay, ¿cómo?

5. ¿Con quién eres obediente, si lo eres con alguien? ¿Te resulta fácil obedecer o supone un gran esfuerzo de tu parte? ¿Por qué crees que esto te ocurre así? ¿Puedes pensar en alguien a quien podrías someterte en cuestiones espirituales? Y si hay alguien que cumpla este rol, ¿qué beneficios podrías derivar de esa relación?

Más acerca de—los dones del Espíritu Santo

Nadie quiere fijar cuantitativamente el número de los dones que puede dar el Espíritu Santo, pero, basándonos sólo en la biblia, hay, como mínimo, treinta dones ahí descritos.

Primero, están los dones de Isaías enumerados en Isaías 11,2-3: sabiduría, entendimiento, consejo, fortaleza (valor y resistencia), ciencia, piedad y temor del Señor.

Luego están los dones carismáticos enumerados por Pablo en 1 Corintios 12,4–10: sabiduría, conocimiento, discernimiento de espíritus, lenguas, interpretación de lenguas, profecía, fe, obrar milagros y sanación. Otros dones están enumerados en la epístola de san Pablo a los Romanos versículos 12,6-8: profecía, servicio, enseñanza, exhortación, liderazgo y muestras de compasión por medio de obras de misericordia.

Después están los dones apostólicos mencionados en Efesios 4,11, que son los dones de liderazgo de apóstoles, los de profetas, evangelistas, pastores y maestros.

Finalmente, el matrimonio y el celibato, mencionados en 1 Corintios 7,7.

Independientemente de dónde encajan estos dones en las diferentes listas y categorías, todos ellos tienen, en común, que son considerados dones que el Espíritu Santo nos otorga por nuestro bien y el bien de la Iglesia. Las Escrituras también dicen claramente que no debemos nunca comparar nuestros dones con los de los demás. Como cristianos, cada uno poseemos diferentes dones, y todos estamos llamados a cultivarlos en el servicio a los demás. Dando lo que se nos ha dado se glorifica a Dios.

Términos clave

Pobreza de espíritu

Capítulo 11

CRECER EN AMOR

Sumario

Crecer en el amor es realmente crecer en amor, amor a Dios y amor al prójimo. Cuanto más amamos, más nos parecemos a Dios, que es amor.

Aunque nuestro amor a Dios comienza con el temor—en un deseo de escapar la condenación y recibir la salvación—debe progresar gradualmente, haciéndose primero un amor que busca conocer y complacer al Señor, y finalmente un amor filial profundo y duradero que nada quiere para sí mismo. Esta clase de amor caracteriza una unión pura que habita en Cristo.

A medida que crecemos en el amor de Dios debemos, a la vez, crecer en el amor por los demás. En un sentido amplio esto significa que debemos practicar un sincera caridad cristiana tanto con amigos como con extraños, amándolos sin esperar nada a cambio. También significa que debemos cultivar amistades cristianas sanas y sólidas. Aunque es importante desarraigar de nuestro amor los motivos egoístas e impuros, Dios nos ha hecho para vivir en amistad unos con otros, y las amistades pueden ayudarnos en el camino hacia Dios. El mismo Jesús tenía esta clase de amigos íntimos, lo mismo que muchos de los santos.

Algo que es muy importante: estas relaciones sanas y santas no terminan cuando dejamos esta vida: en la eternidad estos lazos entre las almas se hacen aún mayores. Tanto los ángeles como los santos en el cielo aman a las almas que están en la tierra y en el purgatorio y expresan su amistad con nosotros con sus oraciones.

El matrimonio es una forma especial de amistad cristiana. Los buenos matrimonios cristianos se caracterizan por el afecto sincero, la fidelidad, la amplia comunicación y por un profundo deseo por el bien del otro. Cuando se entiende y se ejercita apropiadamente, la sexualidad matrimonial puede hacer más profunda la amistad y la comunión de las personas y también producir nueva vida. Aunque puede abusarse de la sexualidad, cuando se usa como Dios quiso es un bien que debemos respetar como un sagrado misterio.

Preguntas para la comprensión

1. ¿Cómo describe santa Catalina de Siena el modo en que un alma crece en amor? ¿Qué imágenes usa para cada estadio? Describe cómo esas imágenes corresponden a cada estadio del proceso.

2. ¿Cómo describe san Bernardo el "amor puro"?

3. ¿Cuáles son, según san Bernardo y santa Catalina, algunos de los actos que requiere el amor al prójimo?

4. ¿Cómo podemos saber, según santa Catalina, si nuestro amor por otra persona es egoísta?

5. ¿Qué peligro hay en la amistad íntima entre hombres y mujeres que no están casados?

6. ¿Por qué anima san Francisco a los cristianos a buscar la amistad íntima solo con otros cristianos? ¿Por qué son "excelentes" esas amistades entre cristianos?

7. ¿Por qué dice san Francisco que las "amistades particulares" son necesarias para los laicos, pero potencialmente peligrosas para los religiosos?

8. ¿Qué dice san Francisco que son los tres efectos del verdadero amor matrimonial?

9. Resume con tus propias palabras la analogía que hace san Francisco entre la comida y el amor sexual en el matrimonio.

10. Basándote en lo que has leído en este capítulo, menciona al menos tres modos en que una pareja cristiana puede pervertir el amor marital y perjudicar la amistad mutua de la que deberían disfrutar los esposos.

Preguntas para la reflexión

1. ¿En qué se basa tu amor a Dios? ¿Cómo se refleja en tus actos?

2. ¿De qué maneras dejas de obedecer, de forma regular, el mandamiento bíblico "Ama a tu prójimo"?¿Dónde crees que fallas al no acatar este mandamiento?¿Cuáles son algunas de las medidas concretas que puedes tomar para remediar esa situación?

3. Describe una amistad que te ha acercado más a Cristo. ¿Quién es esa amistad? ¿Cuánto tiempo hace que conoces a esa persona ¿De qué maneras te ha acercado más a Dios esa amistad?

4. Las amistades pueden alejarnos de Cristo y también llevarnos a Él. ¿Has tenido alguna vez una amistad que demostró ser "peligrosa"? ¿De dónde provenía ese peligro? ¿Qué es lo que te atrajo hacia esa amistad? ¿Qué has aprendido de esa experiencia?

5. Si eres una persona soltera y dispuesta a casarte, o ya casada, ¿cuáles son algunas de las cosas prácticas que puedes hacer ahora que contribuirían al amor auténtico y a la amistad cristiana entre tú y tu pareja (actual o potencial)?

Más acerca de—Los cuatro amores

En inglés solamente existe una palabra para describir el amor. Sin embargo, el griego clásico cuenta con cuatro diferentes palabras para transmitir este concepto: *storge*, *fileo*, *eros* y *agape.* De forma colectiva, estas palabras expresan, a plenitud, el espectro que comprende los diversos tipos de amores que podemos y debemos experimentar.

Storge significa, esencialmente,"afecto". Describe un amor que se forma en la familiaridad, como el que sentimos por los miembros de nuestra familia o los vecinos, incluso por un perro.

Fileo describe el amor compartido por dos amigos. Es un amor basado en el respeto y en intereses comunes.

Eros es la pasión, los sentimientos de admiración, de anhelo y de deseo sexual que sienten dos personas mutuamente "enamoradas".

Agape es la caridad, el más grande de los amores y concretamente una virtud cristiana. Todos los demás amores se realizan plenamente cuando están infusos de caridad, donde Dios es amado por encima de todo y el prójimos es amado desinteresadamente, por el bien de esa alma y sin pensar en ganancia alguna. Mientras que los tres primeros amores se consideran "amores naturales", la caridad es un amor supernatural que se hace posible únicamente por la gracia de Dios, *pero también puede informar y moldear los otros amores.*

Términos clave

Amor filial
Temor de esclavo

Capítulo 12

CRECER EN LA ORACIÓN

Sumario

Toda oración es comunión con Dios. Pero, a medida que progresamos en la vida cristiana, nuestras oraciones adquieren una nueva intensidad y profundidad. La diferencia entre el principio de nuestro camino y el final es generalmente una diferencia de grados; el grado en que somos absorbidos en el Señor.

Al principio casi todo el esfuerzo lo ponemos en la oración. Cuesta acallar nuestra mente y nuestro corazón y centrarnos en Dios y hablarle a Él. Pero, meditando sobre la vida de Cristo, las verdades de la historia de la salvación y las enseñanzas de la fe, podemos conseguirlo, al menos en cierta medida. Incluso cuando divaga nuestra mente y no tenemos deseo alguno de meditar, el simple hecho de intentar orar puede dar fruto.

Con el tiempo, sin embargo, si persistimos en la oración a pesar de estos aparentes obstáculos, se hace más fácil acallar la mente y escuchar a Dios. Somos más capaces de pensar en el Señor y prestarle atención. Estamos mucho más conscientes de su presencia y, con el tiempo, nos damos cuenta de que nosotros trabajamos menos y Él hace más. Este tipo de oración se describe a menudo como recogimiento infuso o contemplación.

Lo mismo que con la oración en general, hay diferentes grados de oración contemplativa. Hay oración contemplativa en la que nuestra voluntad se vuelve a Dios, aunque divaguen nuestros pensamientos, nuestros recuerdos y nuestra imaginación. Y hay oración contemplativa en la que nuestra voluntad y nuestras facultades están centradas en Dios. Este tipo de oración contemplativa se llama a veces "la oración de unión", cuando todo nuestro ser puede ser absorbido en el Señor. Hay momentos cuando podemos, incluso por breves períodos de tiempo, dejar de ser conscientes del tiempo, de las sensaciones físicas y del mundo que nos rodea.

Es importante recordar que el crecimiento en la oración no consiste en perfeccionar esta o aquella técnica. Se trata de crecer en nuestra relación con el Señor y dejarle obrar en nosotros para que nuestra voluntad pueda unirse más íntimamente a la suya. Esa unión de voluntades, no la experiencia de la contemplación, o de la consolación, es lo que persigue Dios. Él quiere llevarnos a un punto donde le amemos perfectamente y perfectamente amemos a nuestro prójimo. Él puede conseguir eso hasta en almas a las que nunca concede la oración de la unión más profunda. Es su misericordia, y nada más, lo que nos capacita para llegar a ser santos. La oración es simplemente un modo (aunque importante) de abrirnos a recibir esa misericordia.

Preguntas para la comprensión

1. ¿Por qué, incluso cuando estamos distraídos en la oración, puede dar fruto nuestro esfuerzo por orar?

2. ¿Qué es el "recogimiento adquirido"? ¿Cómo puede conseguirse concretamente?

3. ¿En qué se diferencia el recogimiento adquirido del "recogimiento infuso"? Menciona algunas de las características del recogimiento infuso.

4. Según santa Teresa de Ávila y san Bernardo, ¿cuáles son algunas de las medidas que podemos tomar para disponernos mejor a recibir el don del recogimiento o de la contemplación?

5. Define la contemplación.

6. ¿Qué beneficios decía san Bernardo que él derivaba de sus "visitas" con el Señor?

7. Según santa Teresa, ¿puede un alma saber si ha experimentado la oración de unión?

8. ¿Qué es lo que Dios hace posible por la experiencia de la oración de unión?

9. ¿Cómo entiende santa Teresa los obstáculos que encontramos en nuestro camino hacia Dios?

Preguntas para la reflexión

1. ¿Sigues orando cuando estás distraído o sin interés por orar? ¿Por qué o por qué no? Si algunas veces has perseverado en la oración, ¿cómo te ha beneficiado dicha oración?

2. Reflexiona sobre los diversos niveles de la oración resumidos en este capítulo. ¿Qué niveles has experimentado tú? ¿Cómo ha usado Dios esas experiencias para atraerte más a Él?

3. La profundidad de nuestra oración puede variar de semana a semana, de mes a mes y de año en año. ¿En qué circunstancias has visto que tu oración ha rendido frutos? ¿Qué puede dañarla?

4. ¿Por qué oras? En otras palabras, ¿qué es lo que buscas sobre todo cuando acudes a Dios en la oración? ¿Buscas consuelo o que te conceda algún favor? Si es así, ¿cuál es el peligro que conlleva esta clase de motivación?

5. ¿Cómo puedes profundizar tu experiencia de la oración cuando tomas el "atajo" de Santa Teresa de Lisieux's?

Más acerca de—Pasar tiempo con Dios

¿Cómo podemos hallar tiempo para estar a solas con Dios en medio de nuestras vidas tan ocupadas? Empezando poco a poco y buscando pequeños momentos para estar con Él.

Aun antes de levantarte de la cama por la mañana, tómate cinco minutos para dar gracias a Dios por ese día y ofrécele, a Él, todos tus desafíos y alegrías por medio de un ofrecimiento matutino. Luego, cuando entres al coche, apaga la radio y empieza a ir a la escuela o al trabajo hablando con Él. También puede ser de gran ayuda el llevar un rosario en el bolsillo o el bolso para poder rezar una década, o la coronilla de la Divina Misericordia, mientras haces cola en el supermercado o cuando estas sentada en la consulta del médico. Si habitualmente pasas por una iglesia, di una breve oración al pasar. Aún mejor: una vez al día estaciona el coche y entra a la iglesia para hacerle una visita de cinco minutos al sagrario.

Estos pequeños momentos de oración son importantes, pero nunca son suficientes. Necesitamos horas de tranquilidad, no solo minutos, para conectarnos a Dios. Si te puedes dar el lujo, pasa los primeros treinta o sesenta mintos del día en la presencia del Señor, tal vez rezando el Rosario, haciendo las Laudes (o su versión abreviada que se encuentra en la publicación *Magnificat*), leyendo la Biblia o alguna obra religiosa, simplemente repasando tu día con Él, o simplemente estando con Él. Haz lo mismo antes de ir a dormir por las noches: repasa el día que termina, lleva a cabo un examen de conciencia y da gracias y alaba a Dios por todo lo que ha ocurrido.

Por último, si tu parroquia mantiene la Adoración Eucarística, comprométete a pasar allí al menos una hora a la semana. Anota la cita en tu calendario o agenda como lo harías con cualquier otra cita, y mantenla religiosamente. En esas horas de calma que compartes con Él, cuando no suena ningún teléfono ni te asecha un correo electrónico, podrás vivir las palabras del salmo: "Estad quietos y sabed que Yo soy Dios".

Términos clave

Recogimiento
Contemplación
Oración de quietud
Sueño de las facultades
Oración de unión

Capítulo 13

LA AYUDA DEL CIELO

Sumario

La obra de la transformación no siempre se desarrolla a un ritmo regular. A veces Dios acelera el proceso ayudándonos a acercarnos más a Él por medio de dones y gracias concretos. Estos dones nos preparan para una unión más profunda con el Señor. No toda alma experimenta estos dones—no son parte necesaria para el camino—, pero cuando respondemos debidamente pueden ser una ayuda importante para buscar la santidad

A veces experimentamos estos dones de gracia como un deseo de mayor soledad, más "tiempo para estar a solas" con el Señor. Otras veces los experimentamos como "toques" en el alma que nos llenan de un deseo del Señor profundo, constante, y que nos consume. Estas "heridas" no sólo nos disponen a aceptar el sufrimiento, sino que realmente nos hacen desear las pruebas y las oportunidades de renuncia y mortificación.

A algunos Dios les ofrece la gracia de locuciones, palabras suyas audibles o inaudibles que guían, inspiran y consuelan, o hasta obra un cambio inmediato en el alma de la persona. El verdadero beneficio de las locuciones, sin embargo, viene cuando prestamos atención, no a la forma de la locución, sino a Dios mismo.

Lo mismo puede decirse de las visiones. Sean estas visiones aquellas que cuentan con una forma corporal visible o las que solamente permanecen en los ojos de la mente, el propósito de una verdadera visión es el de profundizar nuestra confianza en Dios y nuestro amor por Él.

Si nos centramos demasiado en la visión la vemos como un signo especial del favor de Dios y esto, a la larga, puede impedirnos reconocer su verdadero propósito. Lo cual también puede llegar a cegarnos, impidiéndonos ver nuestra pobreza espiritual.

Independientemente de los dones que Dios nos otorgue, nunca debemos buscar esos consuelos y casi nunca depender de ellos cuando los recibimos. Las palabras de profecía no solo pueden ser difíciles de comprender, sino que el centrarse demasiado en una guía supernatural pueden hacernos ignorar la forma más común que Dios tiene de guiarnos, es decir, a través de la razón, del sentido común y de consejeros fiables; y también puede hacernos olvidar que en este mundo "caminamos en fe y no en visión" (2 Co 5,7).

Preguntas para la comprensión

1. Menciona dos o tres de los modos en que los santos describen las "heridas" de amor que da Dios a ciertas almas.

2. ¿Cuáles son los frutos de las auténticas "heridas de amor"?" ¿Cómo pueden diferenciarse estas de las "heridas de amor" falsas que el demonio puede infligir?

3. Menciona los cuatro tipos de locuciones que puede usar Dios para comunicarse con un alma.

4. ¿Cómo dice san Juan de la Cruz que debemos responder a estas locuciones? ¿Qué razones da para hacer esa recomendación?

5. ¿Qué peligro, en particular, se asocia con las locuciones sucesivas?

6. Enumera y define los tres tipos de visiones que puede experimentar un alma.

7. ¿Por qué dice san Juan de la Cruz que un alma no necesita centrarse en ciertos tipos de visiones, aunque sean auténticas?

8. ¿Por qué es importante para alguien que está experimentando locuciones o visiones encontrar un buen director espiritual o confesor?

9. ¿Cuáles son algunas de las características de las visiones o penetraciones auténticas? ¿Cuáles son las características de las visiones o penetraciones que da el demonio?

10. ¿Dónde debemos desear recibir sabiduría de Dios, además de las visiones y locuciones?

Preguntas para la reflexión

1. ¿Te ha llamado Dios alguna vez a pasar más tiempo a solas con Él? ¿Pudiste responder a esa llamada? ¿Cuáles son algunos de los modos prácticos de encontrar más espacio en tu vida para estar a solas con Dios?

2. ¿Qué tipo de problemas crees que podrían surgir de una evaluación si uno valora más las locuciones que la razón, el sentido común, la enseñanza de la Iglesia y los consejeros dignos de confianza? ¿Has experimentado tú alguno de esos problemas?

3. ¿Tienes un director espiritual? Si lo tienes, ¿te has beneficiado de su consejo? Si no, ¿conoces a alguien a quien puedes pedir que sea tu amigo espiritual? Si no, ¿tienes un amigo espiritual

con quien poder compartir tus experiencias? ¿Cómo crees que podrías beneficiarte de tener el apoyo y guía de un amigo?

4. ¿Que tan seguido le pides a Dios que te otorgue signos y consuelos espirituales? Si lo haces con mucha frecuencia, ¿por qué lo haces? ¿Qué es lo que debes pedir?

5. ¿Quiénes son las personas a través de las cuales te habla Dios más a menudo? ¿Cómo te han ayudado sus testimonios, consejos o sus crítica en tu camino hacia Dios?

Más acerca de—Ayudas del cielo

¿Quién es más listo que Einstein, más fuerte que Superman, y creado específicamente para ti?

Tu ángel de la guarda.

Según el *Catecismo de la Iglesia Católica* (no. 328–349), todos los ángeles, incluidos los ángeles de la guarda, son espíritus puros. Todos poseen inteligencia y voluntad. Todos son personales e inmortales. Y la gloria de cada ángel sobrepasa la de cualquier criatura visible.

Todos los ángeles, sin embargo, no son iguales. Hay ángeles y arcángeles, serafines y querubines, y toda una jerarquía de otros ángeles que desempeñan diferentes cometidos. Algunos tienen la tarea específica de permanecer en adoración ante el trono de Dios. Otros son mensajeros de Dios para el hombre. Y otros tienen cometidos que ni las Escrituras ni la Tradición nos han revelado. Lo que sí han revelado las Escrituras es que cada uno de nosotros tiene su ángel de la guarda, creado por Dios para servirnos, y al que se le ha confiado la tarea de ayudarnos a conseguir el cielo (Mt 18,10). Nosotros podemos y debemos invocar a nuestro ángel día y noche para que nos ayude, nos dé sabiduría y nos guíe, igual que haríamos con amigo en quien confiamos. También podemos y debemos darle gracias por toda su ayuda diaria, nos demos cuenta o no. Aun cuando no veamos ninguna visión ni oigamos ninguna locución, la ayuda del cielo nos viene siempre gracias a nuestro ángel de la guarda.

Términos clave

Heridas de amor
Contemplación pura
Noche activa del espíritu

Capítulo 14

UNA PURIFICACIÓN MÁS PROFUNDA

Sumario

Al comienzo de nuestro camino hacia Dios experimentamos pruebas y sufrimientos que nos ayudan a purificarnos de nuestros hábitos pecaminosos y afectos desordenados. Pero los efectos de esa purificación tienen un límite. El pecado está profundamente arraigado en la naturaleza humana y nos ha dañado en lo más profundo de nuestro ser. Como consecuencia, antes de disfrutar de la plena unión con Dios, la purificación debe hacerse más profunda.

La necesidad de una purificación es evidente en cómo el pecado puede a veces llevarnos a elegir equivocadamente las disciplinas espirituales y en el momento menos adecuado, además de hacernos pecar contra nuestros amigos y familiares de diversas maneras.

Aunque podemos intentar purificarnos de estos pecados y sus efectos, lo que pueden conseguir nuestros propios esfuerzos tiene su límite. Dios tiene que hacer el resto. Y para ello Él recurre a las pruebas interiores y exteriores. Estas pruebas no son opcionales. Son una parte necesaria del camino espiritual, y si la purificación no ocurre en la tierra, tendrá que ocurrir en el purgatorio.

Cuando se trata de pruebas exteriores Dios usa la enfermedad y el dolor, la persecución, la pobreza, los malentendidos humanos, el rechazo y otras formas de sufrimiento para purificar nuestros corazones y llevarnos a una confianza más profunda en Él. Las pruebas interiores pueden afectarnos aún más profundamente. Estas pueden consistir en un sentimiento de que Dios nos tiene abandonados, una prolongada aridez en la oración y el ser totalmente conscientes de nuestro abatimiento y nuestro pecado. Aunque sentimos a Dios ausente durante este tiempo, esta clase de prueba es, en efecto, obra de Dios en nuestra alma, incluso cuando no podemos percibir su presencia y no recibimos signo alguno de consuelo, Él sigue ahí, guiándonos y dándonos la fuerza para resistir.

Durante esta "noche oscura del espíritu" las partes caídas de nuestra naturaleza humana experimentan una especie de crucifixión. Nuestro sufrimiento se une al de Cristo y, al morir a nosotros mismos, crece nuestra capacidad de amar a Dios. Cuando el tiempo de esta purificación toca su fin el Señor nos ha llevado a una unión más profunda que ha aumentado nuestra capacidad de amar a Dios y a otros como debemos, y de experimentar su amor.

Preguntas para la comprensión

1. Enumera cada uno de los pecados capitales. Da para cada uno de ellos un ejemplo concreto de cómo ese pecado puede ocultarse o disfrazarse de pruebas u obstáculos espirituales.

2. ¿Cuál es la diferencia entre la "noche activa del espíritu" y la "noche pasiva del espíritu"?

3. ¿Por qué es mejor para nosotros que este estadio profundo de purificación tenga lugar en esta vida, no en la otra, y que ocurra lo antes posible?

4. ¿Por qué muchos de los doctores de la Iglesia usan la imagen del fuego para describir este tiempo de purificación? Explica con tus propias palabras la metáfora que usa san Juan de la Cruz para ilustrar el proceso de purificación.

5. ¿Cómo podemos soportar, según santa Teresa de Jesús, las pruebas que Dios nos envía? ¿Hay algún remedio para ellas? ¿Cuál, si lo hay?

6. Aunque no podemos percibirlo, ¿qué dice san Juan exactamente acerca de lo que Dios lleva a cabo a través de la noche oscura? ¿Por qué no podemos percibirlo?

7. ¿En qué parte de las Escrituras encontramos la prueba de la existencia de la noche oscura del espíritu y de nuestra necesidad de purificación? Da al menos tres ejemplos.

8. Según san Juan de la Cruz, ¿qué debe ser crucificado o "aniquilado" en la noche oscura del espíritu?

9. Según san Juan de la Cruz, ¿cómo afecta la noche oscura del espíritu nuestro intelecto, nuestra voluntad y nuestra memoria?

10. ¿Qué se les promete a los que pasan con éxito la noche oscura del espíritu?

Preguntas para la reflexión

1. Es famosa la oración de san Agustín: "Señor, hazme casto, pero no todavía". Después de leer este capítulo, ¿te ves tú rezando: "Hazme santo, Señor, pero no todavía? Si te ves de esta manera, ¿por qué crees que es así? ¿Qué puedes hacer para cambiar este tipo de reacción, si es que puedes?

2. ¿Cambia tu modo de entender la naturaleza del pecado original la necesidad de este tipo de purificación? ¿Cómo lo hace, si efectivamente cambia tio modo de entender las cosas?

3. Repasa los diferentes modos en que el pecado puede interferir con la práctica de la fe. ¿Cuál de estos pecados ha afectado tu camino espiritual? ¿De cuál de estos pecados eres aún culpable?

4. Recuerda cuando Dios permitió que te afligiera una prueba exterior o interior. Describe aquella situación. ¿Cómo respondiste? ¿Cómo te cambió esa prueba? ¿Te acercó más a Dios? Si fue así, ¿por qué crees que esto te ocurrió a ti?

5. Describe a alguien que conozcas que haya padecido gran sufrimiento sin perder la fe en Dios. ¿Qué has aprendido de esa persona? ¿Te ha dado ánimo para soportar tus propias pruebas? ¿Cómo puede aumentar tu confianza en la sabiduría providencial y el amor de Dios por nosotros el meditar en 1 Corintios 10,13?

Más acerca de--el purgatorio

"Todos los que mueren en la gracia y en la amistad de Dios, pero imperfectamente purificados, aunque estén seguros de su eterna salvación, sufren después de su muerte una purificación, a fin de obtener la santidad necesaria para entrar en la alegría del cielo.

La Iglesia llama *purgatorio* a esta purificación final de los elegidos que es completamente distinta del castigo de los condenados [cf. Concilio de Florencia (1439): DS 1304; Concilio de Trento (1563): DS 1820; DS 1580; Véase también; (1547): 1580; y Benedicto XII, *Benedictus Deus* (1336): DS 1000]. La Iglesia ha formulado la doctrina del purgatorio basándose, sobre todo, en los concilios de Florencia y Trento. La tradición de la Iglesia, haciendo referencia a ciertos textos de la Escritura, habla de un fuego purificador [cf. 1 Co 3,15; 1 Pe 1,7].

"Esta enseñanza se apoya también en la práctica de la oración por los difuntos, de la que ya habla la Escritura: "Por eso encargó [Judas Macabeo] un sacrificio de expiación por los muertos, para que fueran liberado del pecado" (2 Mac 12,46) Desde los primeros tiempos, la Iglesia ha honrado la memoria de los difuntos y ha ofrecido sufragios en su favor, en particular el sacrificio eucarístico, para que, una vez purificados, puedan llegar a la visión beatífica de Dios [cf. II Concilio de Lyon (1274): DS 856]. La Iglesia también recomienda las limosnas, las indulgencias y las obras de penitencia en favor de los difuntos" (*Catecismo de la Iglesia Católica*, 1030–1032).

Términos clave

La noche oscura del espíritu

Capítulo 15

LA UNIÓN PROFUNDA

Sumario

Si continuamos con fe, con virtud, con amor y soportando el sufrimiento pacientemente, entramos, por la gracia de Dios, en una profunda unión con Él. En esta vida esa unión ocurre en dos fases: lo que los místicos describen como el desposorio espiritual y el matrimonio espiritual.

El desposorio espiritual, como cualquier compromiso, indica que la unión plena—un matrimonio espiritual—ocurrirá con certeza si nos mantenemos fieles y cooperamos con la gracia de Dios que está obrando en nuestra alma. Durante este tiempo de desposorio gozamos de una estable y atenta relación con el Señor, una relación caracterizada, típicamente, por un sentimiento de tranquilidad en el alma y la frecuente comunicación con Dios. Para cuando alcanzamos este estadio Dios ha purificado nuestra alma de la mayoría de los pecados. No obstante, todavía se manifiestan rastros de nuestra naturaleza caída en pequeños defectos y en apegos a los bienes del mundo o los bienes del espíritu. Esas imperfecciones llegan a ser la causa de parte del sufrimiento experimentado durante el desposorio espiritual. También sufrimos durante esta etapa cuando el Señor retira, de nuestra experiencia, su presencia, su amor y sus gracias, permitiendo, a veces, un recrudecimiento de las pruebas y tentaciones.

Sin embargo, una vez que entramos en el matrimonio espiritual la mayoría de aquellas pequeñas imperfecciones y apegos van quedando atrás y podemos disfrutar de la presencia de Dios en nuestro interior más constantemente. Alcanzar este estado es gozar de una fuerte relación personal con el Señor. Todo nuestro ser está, en cierto sentido, fundido con el suyo. y su vida llega a ser una parte casi inextricable de nuestra propia vida. Sin embargo, casi todos los santos y doctores concuerdan en que incluso si alcanzamos este estado de unión, aún podemos caer en el pecado, darle la espalda a Dios y perder la salvación si empezamos a descuidarnos y caemos presa de sutiles tentaciones de orgullo o confianza en nuestra propia virtud.

Pero a los que perseveran en la fe y no pierden nunca la gracia del matrimonio espiritual, les queda aún, una etapa final en el camino: la muerte. Solo cuando termina esta vida somos capaces de ver a Dios como es y gozar de las bendiciones de la visón beatífica. Hasta las almas más santas sólo pueden soportar la luz divina de forma muy limitada mientras permanezcan en este mundo. En la tierra estamos limitados en lo que podemos ver de Dios, y su revelación final de sí mismo espera al día en que nos reciba en el cielo.

Preguntas para la comprensión

1. ¿De qué modos diferentes puede experimentarse el desposorio espiritual?

2. Describe las imperfecciones del intelecto y de la voluntad que san Juan dice aún quedan en el alma "desposada" con el Señor.

3. ¿Cómo se manifestaron esas imperfecciones en la vida de santa Teresa de Lisieux?

4. Según san Bernardo, ¿qué puede ocurrir en el momento de la muerte para liberar al alma de las imperfecciones espirituales y permitirle entrar en el matrimonio espiritual?

5. ¿En qué se diferencian el desposorio espiritual del matrimonio espiritual?

6. Según el papa Benedicto XVI, ¿de qué modo la Santísima Virgen María sirve de modelo perfecto de un alma en el estado de matrimonio espiritual?

7. ¿Qué metáforas usan san Juan de la Cruz y san Bernardo para describir el matrimonio espiritual?

8. ¿Según san Bernardo, ¿qué desea un alma que está contemplando el rostro de Cristo? ¿De qué carece esa alma? ¿En qué difiere esta contemplación de la contemplación de Él en la tierra?

9. ¿Por qué, según la mayoría de los santos, pueden perder la salvación inclusive aquellas almas que están en el estado de la vía unitiva?

10. ¿Que aconseja san Bernardo que hagan esas almas para evitar dar la espalda a Cristo?

Preguntas para la reflexión

1. ¿De qué modo te ayuda a entender el progreso de tu camino espiritual el ritmo diferente con qué los diversos doctores de la Iglesia avanzan en su unión con Dios?

2. ¿Qué te dice, sobre la primacía de la gracia en el movimiento del alma hacia Dios, la lucha de santa Teresa de Lisieux con sus imperfecciones y apegos durante el tiempo de su desposorio espiritual?

3. Revisa tu respuesta a la pregunta 10 a fin de responder a la siguiente pregunta: ¿Cómo ayuda el consejo de san Bernardo incluso a las almas que aún no han entrado en la fase unitiva?

Más acerca—De el *Magníficat*

La virgen María, después de recibir la Buena Noticia de que llevaría en su seno al Hijo de Dios, se fue de la ciudad de Nazaret para visitar a su prima Isabel. Cuando María entró en la casa de su prima, Isabel la saludó con las siguientes palabras: "Bendita tú eres entre las mujeres, y bendito es el fruto de tu vientre. ¿Quién so yo para que me visite la madre de mi Señor"

La respuesta de María a esas palabras fueron un cántico de alabanza por el plan de salvación de Dios. Ese cántico constituye la oración que designamos el *Magnificat*.

El *Catecismo* describe así el *Magnificat:* "es a la vez el cántico de la Madre de Dios y el de la Iglesia" (2619). Es una oración que expresa perfectamente los milagros forjados en un alma por la inmensa gracia de Dios. Y es una oración que todos los cristianos pueden considerar suya.

Proclama mi alma la grandeza del Señor,
se alegra mi espíritu en Dios, mi Salvador;
porque ha mirado la humildad de su esclava.
Desde ahora me felicitarán todas las generaciones,
porque el Poderoso ha hecho obras grandes en mí:
su nombre es santo y su misericordia llega a sus fieles de generación en generación.
Él hace proezas con su brazo;
dispersa a los soberbios de corazón,
derriba del trono a los poderosos
y enaltece a los humildes,
a los hambrientos los colma de bienes
y a los ricos los despide vacíos.

Auxilia a Israel, su siervo, acordándose de la misericordia —
como lo había prometido a nuestros padres—
en favor de Abrahán y si descendencia por siempre.
Amen

Términos clave

Desposorio espiritual
Matrimonio espiritual

Capítulo 16

LOS FRUTOS DE LA UNIÓN

Sumario

Las bendiciones que llegan en la vía unitiva no son exclusivamente para los que están en el desposorio espiritual o en el matrimonio espiritual. Están presentes, ya por algún tiempo, solo que de una forma menor en otros estadios. Pero cuando entramos en una unión profunda con Dios esas bendiciones o "frutos" adquieren una mayor riqueza y fuerza y una gran constancia.

Estos frutos aparecen de muchas maneras y afectan nuestra relación con el trabajo, con los demás, con Dios e incluso con el demonio. Cuando estamos en unión con Dios nuestra actividad apostólica es más eficaz y tiene más fuerza. Nos mueve un deseo de agradar a Dios, no a los demás, lo que significa que emprendemos todas nuestras acciones con mayor valor y con más libertad. El deseo de hacer la voluntad de Dios nos viene fácilmente, sin titubeos, y, el entenderlo claramente guía todas nuestras actividades.

El haber alcanzado el estado de unión con Dios nos hace más sensibles a los demás y nos hace responder a sus necesidades con mayor viveza. También vemos más claramente y percibimos las almas, la verdad y hasta la creación desde la perspectiva de Dios. Esta única perspectiva proviene de un continuo contacto con

Dios. Su presencia nos fortalece, nos da un sentido de paz seguro y duradero y nos protege de los ataques del hombre y del demonio. Su presencia también ilumina nuestro intelecto y nuestro entendimiento, dándonos un conocimiento sobrenatural, realzando nuestro conocimiento natural y otorgándonos una profunda comprensión de las cosas de Dios y de las cosas del mundo.

Sobre todo, si alcanzamos el estado de unión Dios, recibiremos un gozo tan inmenso y tan fuerte que puede adoptar la forma de la oración y alabanza extáticas. Este estado de júbilo puede hacerse tan intenso a veces que se le ha equiparado a la embriaguez espiritual. Fluye del estrecho contacto con Dios y demuestra la presencia continuada del Espíritu Santo en la Iglesia y en el alma.

Preguntas para la comprensión

1. Según san Juan de la Cruz, ¿cómo responde un alma en unión con Dios a todas "las cosas que le ocurren", buenas o malas? ¿Por qué responde así el alma?

2. ¿Cómo se expresa a sí mismo el amor experimentado por un alma en unión con Dios?

3. ¿Qué aconseja san Bernardo que haga una persona cuando no está segura de cuánto tiempo debe pasar en contemplación y cuánto en servir activamente a los demás?

4. Si la gente quiere que su trabajo dé fruto, ¿Qué dice san Juan de la Cruz que se debe hacer?

5. Según santa Catalina de Siena, ¿en qué se diferencia cómo experimenta el amor de Dios un alma en la vía unitiva y cómo lo experimentan las almas en las vías purgativa e iluminativa?

6. ¿Cómo le llevó a santa Teresa de Lisieux su amor por la creación a su mayor amor a Dios? ¿Cómo hizo el entrar en la vía unitiva que su amor por la creación fuera más profundo?

7. Según santa Catalina, ¿de donde proviene, o cual es el origen de la paz y la alegría que experimentan las almas en la vía unitiva?

8. ¿Cómo responde el demonio a que las almas estén en unión con Dios? ¿Por qué responde así?

9. ¿Por qué, bajo ciertas circunstancias, Dios puede quitarle la sensación de su presencia a un alma en el estado del matrimonio espiritual?

10. Describe tres de las diferentes maneras en que la gran alegría experimentada por las almas en unión con Dios puede manifestarse en esta vida.

Preguntas para la reflexión

1. San Bernardo aconsejaba a sus monjes interrumpirle, aunque estuviera en contemplación, si alguien tenía verdadera necesidad de él. ¿Qué nos dice ese consejo sobre la importancia de servir a otros en la vida de fe?

2. Repasa tu respuesta a la cuarta pregunta de más arriba. ¿En qué se diferencia el consejo de san Juan de la opinión del mundo? Juzgando por tus actos, ¿qué consejo sigues más a menudo en ese sentido, el de san Juan o el del mundo?

3. El papa Juan Pablo II, al igual que los santos y doctores de la iglesia, ha dicho que la alegría de nuestra salvación debe ser expresada visible e invisiblemente en la vida de la Iglesia.

¿Observas tú alguna prueba de esa alegría en tu vida y en la de tu parroquia? Si las ves, ¿de qué forma? Si no las ves, ¿por qué crees que eso ocurre? ¿Qué puedes hacer para cambiar esa situación?

Más acerca de—Los frutos del Espíritu

¿Cómo podemos saber que el Espíritu Santo está obrando en nuestro interior, transformándonos y preparándonos para el gozo eterno? Por los frutos que su obra da en nuestras vidas.

El párrafo 1832 del *Catecismo de la Iglesia Católica* define los frutos del Espíritu Santo como "perfecciones que forma en nosotros el Espíritu Santo como primicias de la gloria eterna". Esas perfecciones son actitudes y acciones, buenos hábitos y buenas inclinaciones que reflejan la vida del Espíritu en nosotros.

¿Y cuáles son esos frutos?

En su epístola a los Gálatas, capítulo 5, versículos 22–23, san Pablo enumera nueve de ellos:

- Amor
- Alegría
- Paz
- Paciencia
- Afabilidad
- Generosidad
- Mansedumbre
- Lealtad
- Dominio de sí

A esa lista la Iglesia ha añadido siempre tres más: bondad, modestia y castidad.

Términos clave

Embriaguez del Espíritu Santo

Capítulo 17

SIEMPRE HAY MÁS

Sumario

En esta vida ningún alma alcanza el estado de perfección total y absoluta. El crecimiento espiritual continúa, aun para los que están en la vía unitiva. A través del sufrimiento y las bendiciones, Dios obra en sus almas, llevándolos cada vez más a su conformidad con Cristo y capacitándolos para participar más plenamente en los dolores de su crucifixión y en las glorias de su resurrección.

Los sufrimientos de las almas en la vía unitiva tienen principalmente un propósito redentor. En otras palabras, estas santas almas sufren más por el bien de los demás que por el suyo propio. Aunque sus pruebas les producen fruto espiritual como individuos, producen más para otros. En su sufrimiento estas almas llegan a ser colaboradoras con Cristo por excelencia.

Los sufrimientos mismos se manifiestan de distintas formas. Pueden darse en forma de enfermedades o de una herida física, dificultad en las relaciones, persecución o rechazo. También puede asemejarse a la noche oscura que precede al desposorio espiritual—la noche oscura donde un alma se siente abandonada por Dios y privada de todo consuelo. Esta fue la clase de prueba que tuvo que soportar santa Teresa de Lisieux durante su último año y medio de vida.

Pero, aparte de la forma en que se manifiestan, y por severas e injustas que parezcan, estas pruebas,al final, sólo expresan la bondad y el amor de Dios. Son permitidas por el bien de esa alma en el mundo. Debido a eso, la persona que se enfrenta con esas últimas pruebas llega a ver el sufrimiento como un gozo y una bendición. También saben que cuando dejen de soportarlas recibirán un premio de tal magnitud de gozo y belleza que no hay palabras para describirlo. Es ese premio que anhelan las almas en el estado unitivo, la visión beatífica.

Nada, excepto la muerte, puede producir la satisfacción que da el ver el rostro de Dios en el cielo, ni los sacramentos, ni las visiones o locuciones, ni el gozo del matrimonio espiritual. En el cielo, sin necesitar ya más la purificación o el perfeccionamiento, los santos comprenden y experimentan más profundamente lo que significa llegar a ser "partícipes de la naturaleza divina" (2 Pe 1,2–5), amando a Dios como Dios los ama a ellos y recibiendo un nuevo y más profundo conocimiento de los misterios de la creación, la salvación y la eternidad. En la muerte su alegría es completa. Su camino está completado. Han encontrado el cumplimiento de todo deseo.

Preguntas para la comprensión

1. ¿Qué diferencia hay entre las pruebas que soporta un alma antes de entrar en la vía unitiva y las que soporta un alma que ya ha entrado en el matrimonio espiritual con Jesús?

2. Según santa Catalina de Siena, ¿qué beneficios espirituales puede recibir una persona que se encuentra en la vía unitiva de las pruebas y sufrimientos que vienen de Dios?

3. A medida que una persona crece en santidad, ¿cómo cambia su manera de comprender el sufrimiento?

4. ¿Cómo respondió santa Teresita a la profunda oscuridad que la invadió durante su último año de vida? ¿Cómo entendió el significado de esa oscuridad?

5. ¿Qué quiere decir "morir de amor"?

6. Según san Juan de la Cruz, ¿en qué se diferencia el deseo de morir de una persona en la vía unitiva y el deseo de morir que pudieran experimentar las almas que están en la vía purgativa o iluminativa?

7. ¿Por qué dice san Bernardo de Claraval que, por mucho que el Espíritu Santo vivifique los sacramentos, no es nunca suficiente para las almas en la vía unitiva?

8. Describe con tus propias palabras la imagen que ofrecen san Juan de la Cruz y san Bernardo de la visión beatífica.

9. ¿Cómo nos prepara el Espíritu Santo, según san Juan de la Cruz, para la visión beatífica?

10. ¿Es bíblica la idea de la visión beatífica? Anota o señala dos o tres de los versículos bíblicos que apoyan esta enseñanza.

Preguntas para la reflexión

1. A medida que has ido creciendo en la fe, ¿cómo ha cambiado tu modo de entender el sufrimiento? ¿Todavía te resulta extraña la idea del "sufrimiento amoroso"? ¿Por qué o por qué no? ¿Qué crees que te ayudaría más a abrazar el sufrimiento como una bendición?

2. ¿Qué te han enseñado el amor, el humor, y la alegría frente a un gran sufrimiento, de santa Teresita? ¿Y el servicio, continuo al prójimo a través de años de oscuridad espiritual, de Teresa de Calcuta? ¿Qué lección puedes aprender de ella? ¿Cómo han

afectado tu modo de entender la santidad las experiencias de esas dos mujeres?

3. ¿Te ha dado un mayor deseo de santidad leer las descripciones que hace san Bernardo de la visión beatífica? ¿Por qué sí o por qué no? Si tu respuesta es "sí", ¿qué estás dispuesto a cambiar en tu vida para poder ver tú también a Dios cara a cara? Si tu respuesta es "no", ¿qué crees que aún tiene que ocurrir en tu alma para que puedas responder "sí"? ¿Cómo puede Dios posibilitar este cambio?

Más acerca del—Sufrimiento redentor

Cuando sufren las almas en el estado unitivo, sufren más por otros que por ellas mismas, obteniendo gracias y bendiciones para los que necesitan su intercesión. Pero no necesitas estar en matrimonio espiritual con Dios para convertir tu sufrimiento en una bendición para otros. Todo lo que tienes que hacer es seguir el antiquísimo consejo que repiten desde hace siglos las madres católicas a sus hijos y "ofrendarlo" a Dios.

Cuando venga el sufrimiento, el cual te llegará, inevitablemente, desde el momento que decidas seguir a Cristo ("El que quiera venir en pos de mí que se niegue a sí mismo, que cargue con su cruz y me siga" [Mt 16,24]), tienes dos alternativas. Puedes rebelarte contra el sufrimiento que a veces puede y debe aliviarse, or puedes aceptarlo. Aceptarlo significa no preguntar, no exigir comprenderlo, no lloriquearle a Dios y preguntarle: "¿Por qué yo?" Aceptarlo significa inclinar la cabeza sumisamente ante Dios y decir: "Con su gracia esto puede hacerse". Y con su gracia, tu aceptación del sufrimiento no solo te transformará, purgando todo vestigio de pecado. También te permitirá unir tu sufrimiento al de Cristo. Unido a Él, por la gracia de Dios, tus sufrimientos y sacrificios, de un modo misterioso, "completan lo que falta a los padecimientos de Cristo en favor de su cuerpo que es la Iglesia" (Col 1,24). Se convierten en algo más que un medio de purgación. Se convierten en un medio de bendición.

Términos clave

Morir de amor

Últimas palabras de aliento

Lee de nuevo, sumido en oración, este capítulo bien corto !y anímate! ¡Has recibido la llamada! ¡Mantente firme hasta el final del camino!

GLOSARIO

Amor filial. Literalmente, el amor de un hijo o hija. El amor a Dios característico de la fase unitiva.

Autoconocimiento. Conocimiento de la dignidad del alma humana y su exaltado destino, así como el conocimiento de las heridas y la oscuridad que el pecado inflige en ella.

Beso de Dios. Una concesión del Espíritu que contiene luz para el alma y fervor para la voluntad.

Bienes espirituales. Los dones infusos de Dios, a la vez dolorosos y deliciosos, que nos preparan para la unión con Él, es decir, "heridas de amor", locuciones y visiones.

Bienes morales. Practicar las virtudes, llevar a cabo obras de misericordia, obedecer los mandamientos, ejercitar un juicio adecuado y mostrar buenos modales.

Bienes naturales. Bienes que pertenecen principalmente a este mundo, pero con cualidades trascendentales, como ser la belleza, la gracia o la inteligencia.

Bienes sensoriales. Lo que deleita los sentidos, es decir, lo que podemos gustar, tocar, oler, ver, oír e imaginar.

Bienes sobrenaturales. Los dones del Espíritu Santo dados para fortalecer el Cuerpo de Cristo y beneficiar a los demás, tales como el don de la sabiduría, el don de sanación, el don de la profecía.

Bienes temporales. Bienes que pertenecen a este mundo, tales como el dinero, el poder, la reputación, y las posesiones materiales.

Contemplación infusa. Recogimiento realzado por la acción de Dios. Por medio de un acto de gracia, Dios da al alma una más profunda conciencia de su presencia y cercanía, un amoroso conocimiento de Dios.

Desesperación. Pensar que es imposible reformarse, y que nuestros pecados, y luchas son mayores que la misericordia y la gracia de Dios. San Bernardo la considera el mayor de los males.

Desposorio espiritual. El estado que precede al matrimonio espiritual, en el cual se dan signos de que el matrimonio espiritual efectivamente se llevará a cabo. Durante este tiempo una persona disfruta de una relación estable y atenta con el Señor caracterizada por una sensación de tranquilidad en el alma y por la frecuente comunicación con Dios.

Embriaguez del Espíritu Santo. Un estado en el que el alma está "embriagada" de la alegría del amor de Dios. Esta alegría puede desbordarse en actos visibles de regocijo y júbilo.

Gracia. La ayuda gratuita e inmerecida que Dios nos da para entrar en una relación con Él y conformarnos a su imagen. Por medio de esta gracia podemos abandonar el pecado, desarrollar el hábito de la virtud, llevar a cabo la tarea a la que Dios nos ha llamado y participar en su propia vida.

Heridas de amor. Comunicaciones de Dios con el propósito de aumentar el deseo de un alma por Él, y que pueden experimentarse como cosas dolorosas y deliciosas a la vez.

Lectio Divina. Literalmente, "lectura sagrada." La práctica de combinar la lectura de la Sagrada Escritura con la oración. Este método comienza leyendo la Sagrada Escritura hasta que la mente y el corazón se elevan hacia el Señor, sólo entonces procede a reflexionar sobre lo que se ha leído o simplemente estando en la presencia de Dios.

Matrimonio espiritual. El más alto estadio a que puede aspirar el alma en esta vida. Una persona que ha alcanzado este estado disfruta de una relación fuerte y personal con el Señor, en la cual todo su ser esta, en cierto sentido, fundido con el de Dios.

Meditación. Reflexionar sobre un pasaje de la Escritura, una escena del Evangelio, un misterio de la fe o un pasaje de una lectura espiritual a fin de aumentar nuestro amor al Señor,

Miedo de esclavo. Un miedo basado, no en el amor a Dios, sino en el temor al castigo, así como el deseo de evitar el dolor de vivir en pecado y escapar a la condenación eterna.

Morir de amor. Una clase de muerte que puede experimentar un alma en la fase unitiva. La causa de esta muerte no es la enfermedad o la ancianidad, sino el amor.

Noche activa del Espíritu. Las acciones mediante las cuales nos deshacemos de bienes espirituales a fin de avanzar hasta una unión más profunda con Dios.

Noche activa de los sentidos. Las acciones mediante las cuales nos deshacemos de hábitos pecaminosos y afectos desordenados a las cosas y placeres del mundo.

Noche oscura del espíritu. La profunda purificación de un alma desde las raíces de sus hábitos pecaminosos. En la noche oscura del espíritu Dios actúa en el alma directamente, obrando su purificación a través de pruebas terrenales y la privación temporal de los consuelos espirituales.

Noche oscura de los sentidos. La purificación de un alma por Dios desde el apego desordenado a las cosas y placeres del mundo o a un apego desordenado a otras personas.

Oración contemplativa. Ver "Oración mental".

Oración de quietud. Un tipo de oración en la que el alma es absorbida en el Señor y la voluntad se centra en Él, aun cuando el intelecto, la memoria y la imaginación puedan estar aún divagando y distraídas.

Oración de unión. Un tipo de oración en la cual no solo está la voluntad unida al Señor, sino que las demás facultades del intelecto, la memoria y la imaginación están también absorbidas en el Señor.

Oración mental. La oración dicha con la atención de la mente, en la que podemos o no podemos usar palabras. Consiste en el ser conscientes de la presencia del Señor, comprender las verdades o inflamando la voluntad con actos de amor. En este tipo de oración los ojos del alma están fijos en Dios. También se la conoce como "oración contemplativa".

Oración vocal. Oración dicha en voz alta. Generalmente entendida como aquella oración recitada o memorizada, tal como el Padre Nuestro o el Ave María.

Pecado mortal. La violación de la ley moral en materia grave llevada a cabo a sabiendas y con pleno consentimiento. Cuando se comete, el pecado mortal destruye la caridad en el corazón de la persona y nos incapacita para recibir la gracia santificante.

Pecado original. La consecuencia de la caída de Adán y su pérdida de la gracia, heredada por todos los hombres y mujeres. Esta consecuencia es la pérdida de la justicia y santidad de que disfrutaban

Adán y Eva antes de su caída, y una continuada lucha interior en el hombre—esencialmente, una tendencia al pecado—debido a su carencia de gracia.

Pecado venial. La violación de la ley moral, pero en materia menos seria que el pecado mortal o sin conocimiento y consentimiento de lo que se está haciendo. El pecado venial no bloquea la relación entre Dios y el alma; la caridad puede aún subsistir en una persona que ha cometido un pecado venial, aunque el pecado ofende y hiere la caridad.

Pobreza de espíritu. El desprenderse mental y emocionalmente de las cosas materiales.

Recogimiento. El aquietar el alma y centrar la mente en Dio, que debe darse para que un alma entre en la oración contemplativa.

Sueño de las facultades. Un tipo de oración mucho más profunda que la oración de quietud, mediante la cual tanto la voluntad como las facultades personales del alma estan concentradas en Dios, pero no al mismo nivel, ni con la profundidad que se asocia a la oración de únion.

Temor del Señor. Un respeto y temor a un Dios que administra el castigo con justicia. Se basa en un conocimiento apropiado de su santidad y de nuestra habilidad de rechazar su amor y misericordia, violar sus leyes y merecer la separación eterna de Él. El temor del Señor es una experiencia que dispone al alma a la sabiduría.

Vía iluminativa. El término general para describir la segunda fase de la vida espiritual, un estadio caracterizado por el continuo crecimiento en la fe.

Vía purgativa. La primera fase general de la vida espiritual, caracterizada por la conversión inicial, el rechazo del pecado y los comienzos de la piedad y la virtud.

Vía unitiva. La tercera y última fase general de la vida espiritual, caracterizada por una habitual unión profunda con Dios.

Visión beatífica. La visión directa y eterna de que disfrutan en el cielo los bienaventurados. En esta visión las almas encuentran una felicidad total y plena.